Anne Bogner

Die Frauenquote

Ein notwendiges Instrument zur Gleichstellung?

Bibliografische Information der Deutschen Nationalbibliothek:

Die Deutsche Nationalbibliothek verzeichnet diese Publikation in der Deutschen Nationalbibliografie; detaillierte bibliografische Daten sind im Internet über http://dnb.d-nb.de abrufbar.

Impressum:

Copyright © Science Factory 2020

Ein Imprint der GRIN Publishing GmbH, München

Druck und Bindung: Books on Demand GmbH, Norderstedt, Germany

Covergestaltung: GRIN Publishing GmbH

Inhaltsverzeichnis

Abkürzungsverzeichnis V

Abbildungsverzeichnis VI

Tabellenverzeichnis VII

1 Einleitung 1

2 Begriffserklärung und Gesetzeslage 3
   2.1 Geschlecht 3
   2.2 Führung 5
   2.3 Aufsichtsratsgremien 7
   2.4 Gesetzeslage zur Frauenquote 12

3 Anteil der weiblichen Erwerbstätigen und atypische Beschäftigungsverhältnisse 14

4 Gründe für die Unterrepräsentanz von Frauen in Unternehmensführungen und Aufsichtsräten 16
   4.1 Personenbedingte Gründe 16
   4.2 Soziokulturelle Gründe 20
   4.3 Unternehmensbedingte Gründe 22
   4.4 Gesamtbetrachtung der Gründe 25

5 Möglichkeiten zur Erhöhung des Frauenanteils in Unternehmensführungen und Aufsichtsräten 27
   5.1 Instrumente der Unternehmen 27
   5.2 Instrumente unternehmensexterner Institutionen 33
   5.3 Instrumente der Politik 33

6 Die Frauenquote in Deutschland 37

6.1 Aktuelle Daten zur Frauenquote 37

6.2 Mögliche Erweiterung der Frauenquote 43

6.3 Frauenanteile seitens Anteilseigner – und ArbeitnehmervertreterInnen 46

6.4 Nachteile der Frauenquote und deren Entkräftung 47

7 Mögliche Auswirkungen durch die Erhöhung des Frauenanteils auf die Arbeit in Unternehmensführungen 48

7.1 Vergleich weiblicher Persönlichkeitsattribute mit dem Idealbild einer Führungskraft 48

7.2 Erschließung neuer Innovationspotenziale durch neuartige Denkweisen 49

7.3 Erhöhter wirtschaftlicher Erfolg von Unternehmen durch Frauen in Aufsichtsratsgremien und Geschäftsleitung 50

8 Zusammenfassung 52

Literaturverzeichnis 54

Abkürzungsverzeichnis

BCG	Boston Consulting Group
BDA	Bundesvereinigung der Deutschen Arbeitgeberverbände
BDI	Bundesverband der Deutschen Industrie
BGleiG	Bundesgleichstellungsgesetz
Bmfsfj	Bundesministerium für Familie, Senioren, Frauen und Jugend
DGB	Deutscher Gewerkschaftsbund
DIW	Deutsches Institut für Wirtschaftsforschung Berlin
DIHK	Deutscher Industrie- und Handelskammertag
FidAR	Frauen in die Aufsichtsräte e.V.
GGO	Gemeinsame Geschäftsordnung der Bundesministerien
Kita	Kindertagesstätte
MDAX	Mid-Cap-DAX
SDAX	Small-Cap-DAX
TecDAX	Deutscher Technologieindex

Abbildungsverzeichnis

Abbildung 1: Personalistischer Führungsansatz 5

Abbildung 2: Verhaltensorientierter Führungsansatz 6

Abbildung 3: Kontingenzansätze 6

Abbildung 4: Rollentheorie der Führung 7

Abbildung 5: Symbolische Führung 7

Abbildung 6: Zusammensetzung nach dem Drittelbeteiligungsgesetz ... 9

Abbildung 7: Zusammensetzung nach dem Mitbestimmungsgesetz von 1976 ... 10

Abbildung 8: Zusammensetzung nach dem Montanmitbestimmungsgesetz ... 11

Abbildung 9: Gründe für Teilzeittätigkeiten 15

Abbildung 10: Modell der Unternehmenskultur nach Schein 22

Abbildung 11: Formen flexibler Arbeitszeit 30

Abbildung 12: Entwicklung der Frauen in Aufsichtsräten unterteilt nach DAX-Gruppen 41

Abbildung 13: Entwicklung der Frauenanteile in den Vorständen unterteilt nach DAX-Gruppen 42

Abbildung 14: Zielvorgaben in Bezug auf die Frauenquote in Vorständen ... 44

Abbildung 15: Anteile der Frauen auf AnteilseignerInnen- bzw. ArbeitnehmerInnen-Seite in deutschen börsennotierten Unternehmen von 2009-2017 ... 46

Tabellenverzeichnis

Tabelle 1: Kulturmuster und deren Charakteristika 24

Tabelle 2: Attribute einer guten Führungskraft unterteilt nach weiblichen und männlichen Merkmalen 49

1 Einleitung

Schon seit jeher bestehen in unserer Gesellschaft nicht nur schichtspezifische Differenzierungen, sondern es ist auch eine deutliche geschlechterbedingte Chancenungleichheit zu verzeichnen. Durch das Grundgesetz soll sichergestellt werden, dass dies nicht zulässig ist und die Politik es sich zur Pflicht macht, die Gleichberechtigung herzustellen und zu fördern. Zwar verringern sich diese Ungleichheiten zunehmend, sind aber immer noch in sehr vielen Bereichen des alltäglichen Lebens auszumachen (Geißler, 2014).

Eine starke Verbesserung ist vor allem in Hinblick auf Schulbildung zu verzeichnen. Seit der Nachkriegszeit ist der Anteil an weiblichen Schulabsolventinnen mit allgemeiner Hochschulreife kontinuierlich angestiegen und liegt mittlerweile über dem der männlichen Schulabsolventen (Geißler, 2014).

Eine ähnliche Entwicklung ist beim Studium an Hochschulen zu erkennen. Lag der Anteil der Studentinnen im Jahr 1960 noch bei 28 % (Westdeutschland) bzw. 25 % (Ostdeutschland), so wurde es durch einen Abbau von Barrieren vor allem für Mütter durch kostenlose Kinderbetreuung an den Hochschulen, besondere Unterkünfte, Kinderzuschläge bei Stipendien und Sonderregelungen beim Studienablauf gemeistert, eine ausgeglichene Geschlechterverteilung herzustellen (Geißler, 2014).

Doch auch wenn die geschlechterspezifischen Bildungsbarrieren mittlerweile als größtenteils abgebaut angesehen werden können, zeigt sich in der Berufsausbildung und dem späteren Arbeitsleben ein anderes Bild. Zum einen existiert ein geschlechterspezifisch geteilter Arbeitsmarkt, d.h., dass Berufe, in denen Frauen überrepräsentiert sind, meist mit einer teuren (keine kontinuierliche Ausbildungsvergütung und hohe Schulgelder) und zeitintensiven Ausbildung verbunden sind, welche sich jedoch letztendlich nicht in entsprechende Gehälter am Arbeitsmarkt umsetzen lässt (Bertram, Bujard & Rösler, 2011, S. 96; Geißler, 2014). Diese Berufe sind meist im Dienstleistungssektor angesiedelt und mit Tätigkeiten wie Pflegen, Helfen, Verkaufen, Assistieren oder Betreuen verbunden. Männer hingegen arbeiten meist in Berufen, in denen die Gehälter im Allgemeinen höher sind, zugleich treten sie fordernder bei Gehaltsverhandlungen auf als ihre Kolleginnen. Dies ist ein möglicher Erklärungsansatz des dadurch entstehenden sog. „Gender Pay Gap"[1]. Doch am stärksten auf diese Lohnungleichheit wirkt sich die indirekte Benachteiligung durch weniger Überstunden, kürzere Wochenarbeitszeiten (Teilzeit oder geringfügige Beschäftigung), längere Familienpausen, weniger übertarifliche Zulagen (z. B. für Schichtarbeit oder andere Arbeitserschwernisse), Beschäftigung in kleineren Betrieben mit weniger Aufstiegsmöglichkeiten und in

---

[1] Der Gender Pay Gap entspricht der Differenz des durchschnittlichen Bruttostundenverdienstes (ohne Sonderzahlungen) der Männer und Frauen im Verhältnis zum Bruttostundenverdienst der Männer.

Westdeutschland auch auf weniger Berufsjahre und kürzere Betriebszugehörigkeiten aus (Geißler, 2014).

Zum anderen ist es für weibliche Führungskräfte schwerer aufzusteigen als für ihre männlichen Kollegen. Es sind mittlerweile vereinzelt Frauen in den obersten Führungsebenen einiger Unternehmen vorzufinden, jedoch können diese als Einzelfälle angesehen werden. Es ist davon auszugehen, dass mit zunehmender Hierarchieebene der Frauenanteil abnimmt. Diese Situation ist nicht nur in einzelnen Unternehmen der Fall, sondern auch in den von Frauen dominierten Branchen, wie dem Gesundheitswesen. Zwar sind die Beschäftigten zum Großteil weiblich, wenn man aber einen Blick auf die Führungspositionen wirft, sind diese vorwiegend mit Männern besetzt. Auch in der Politik und weiteren Branchen lassen sich ähnliche Gegebenheiten beobachten (Geißler, 2014).

Doch nicht nur die Führungspositionen vieler Unternehmen – wobei es jedoch Ausnahmen vor allem in kleineren mittelständischen Unternehmen und beispielsweise der Baubranche gibt – werden größtenteils durch Männer besetzt, sondern auch in Aufsichtsräten vieler Firmen sind nur wenige Frauen anzutreffen.

Daher soll in dieser Arbeit ein Überblick über den Stand der Entwicklung bezüglich der Frauenquote gegeben werden und erörtert werden, ob sie ein geeignetes Instrument zur Erhöhung der Frauenanteile in den Unternehmensführungen und Aufsichtsräten darstellt. Hierfür werden zuerst relevante Begriffe definiert und die Gesetzeslage dargelegt, danach wird die aktuelle Situation weiblicher Erwerbstätigkeit und atypischer Beschäftigungsverhältnisse in Deutschland erörtert. Darauf folgen Gründe für die Unterrepräsentanz von Frauen in Unternehmensführungen und Aufsichtsräten sowie Möglichkeiten zur Erhöhung des Frauenanteils in Unternehmensführungen und Aufsichtsräten. Eine dieser Möglichkeiten ist die Frauenquote, die im nächsten Absatz behandelt wird. Diese wird aus verschiedenen Blickwinkeln betrachtet und auf eine mögliche Erweiterung hin überprüft. Zuletzt werden noch mögliche Auswirkungen durch die Erhöhung des Frauenanteils auf die Arbeit in Unternehmensführungen aufgeführt und anschließend eine Zusammenfassung der Arbeit gegeben.

Die Forschungsfragen, die in dieser Arbeit behandelt werden sollen, sind:

- „Welche Bedingungen beeinflussen die Repräsentanz von Frauen in Aufsichtsräten und Unternehmensführungen?"
- „Wie könnte eine Erhöhung der Repräsentanz von Frauen in Aufsichtsräten gestaltet werden?"
- „Welche Auswirkungen wären von einer Steigerung des Frauenanteils in Aufsichtsräten und Unternehmensführungen zu erwarten?"

2 Begriffserklärung und Gesetzeslage

Im folgenden Abschnitt wird die Grundlage für die Arbeit gelegt, da eine Definition der für diese Arbeit relevanten Begrifflichkeiten „Geschlecht" und „Führung" erfolgt. Für beide Begriffe ist es nicht möglich, eine absolute Definition zu geben, weil sie viel mehr gesellschaftlichen Konstrukten entsprechen, daher sollen zumindest diese Konstrukte anhand von verschiedenen Theorien erklärt werden. Darüber hinaus werden auch die verschiedenen Möglichkeiten für die Zusammensetzung von Aufsichtsräten aufgezeigt und die aktuelle Gesetzeslage zur Frauenquote in diesem Abschnitt dargelegt.

2.1 Geschlecht

Im Duden wird das Geschlecht definiert als „Gesamtheit der Merkmale, wonach ein Lebewesen in Bezug auf seine Funktion bei der Fortpflanzung meist eindeutig als männlich oder weiblich zu bestimmen ist" (Dudenredaktion). Jedoch kann diese Definition dem Begriff bei weitem nicht gerecht werden. Denn bei dieser Formulierung wird das Geschlecht lediglich an der Fortpflanzung und somit zwangsläufig an den Geschlechtsorganen festgemacht. Dass dahinter jedoch ein sozialer Aspekt der Selbstwahrnehmung und auch ein gesellschaftlicher Aspekt steckt, wird hierbei komplett außen vorgelassen. Jedoch ist es auch in der deutschen Sprache schwierig diesen verschiedenen Betrachtungsweisen gerecht zu werden, da es schlichtweg keinen entsprechenden Begriff für die Selbstwahrnehmung bezogen auf das Geschlecht gibt.

2.1.1 Doing Gender nach West und Zimmerman

Betrachtet man diese Thematik im Englischen, zeigt sich ein anderes Bild. West und Zimmerman (1987) nämlich haben das Geschlecht in drei Stufen aufgeteilt: Sex, Sex Category und Gender. Als Sex bezeichnen West und Zimmerman die Geburtsklassifikation aufgrund von biologischen Eigenschaften, die aufgrund von sozialen Konventionen als weiblich bzw. männlich angesehen werden (Gildemeister, 2010, S. 138). Es entspricht somit dem deutschen Wort „Geschlecht". Des Weiteren ist es von Natur aus gegeben und kann außer auf operativem Wege nicht verändert werden. Der zweite Bestandteil ist die Sex Category. Durch diese erfolgt die soziale Zuordnung zu einem Geschlecht im Alltag durch geschlechtstypische äußerliche Merkmale, wie zum Beispiel der Haarlänge, Statur oder dem Kleidungsstil (Gildemeister, 2010, S. 138). Die Sex Category muss nicht zwangsläufig mit dem biologischen Geschlecht (Sex) übereinstimmen, was bei Transvestiten oder bei präoperativen Transsexuellen der Fall ist. Dies ist möglich, da das biologische Geschlecht im alltäglichen Leben nicht zwangsläufig sichtbar ist, man sich jedoch anhand seiner Geschlechtskategorie, die hingegen von der Gesellschaft wahrgenommen wird, bewusst selbst für eine Geschlechtszugehörigkeit entscheidet (Gildemeister, 2010, S. 138). Die dritte Ebene zur Identifikation des Geschlechts ist „Gender". Auf dieser Ebene erfolgt ein fortlaufendes Bestätigen der Erscheinung aufgrund von Interaktionen im alltäglichen Leben (Gildemeister, 2010, S. 138). Es baut nicht wie die Sex-Category auf einer bewussten eigenen Entscheidung, sich einem bestimmten Geschlecht zuzuordnen, auf. Vielmehr ist es auf die Wahrnehmung der anderen Individuen innerhalb der Gesellschaft bezogen und entsteht durch die Eindrücke dieser Menschen. So ist das Geschlecht nicht etwas, was man von Geburt an innehat, sondern man erlangt es erst, wenn es von der Gesellschaft permanent interaktiv validiert und bestätigt wird (Gildemeister, 2010, S. 138). Diese Theorie steht aber seit einiger Zeit vermehrt in der Kritik und wurde auch von West und Fenstermaker (1995) zugunsten eines Doing Difference relativiert, da auch weitere soziale Kategorien (Klasse, Rasse, etc.) im Zusammenspiel der Gesellschaft von hoher Relevanz sind und nicht nur primär das Geschlecht zur Einordnung dient.

2.1.2 Sozialtheorie nach Bourdieu

Dahingegen sieht Bourdieu in seiner Sozialtheorie die Entstehung der Attribute „männlich" und „weiblich" als eine Ausprägung des Habitus an. Der Habitus ist ein „sozialisierter und strukturierter Körper, der sich die immanenten Strukturen des sozialen Raums und der für ihn relevanten (benutzten) sozialen Felder einverleibt hat und sowohl die Wahrnehmung dieses Raums als auch das Handeln darin strukturiert" (Hermann, 2003, S. 142). Das bedeutet, dass der Habitus nicht in Bezug auf ein einzelnes Individuum entsteht, sondern vielmehr durch seine Einordnung in der Gesellschaft. Der Habitus ist ein System dauerhafter Disposition, das einen Sinn für die eigene soziale Stellung impliziert (Lellé, 2017, S. 17). Er gibt dem Individuum also seine Handlungsspielräume innerhalb seines sozialen Feldes vor. Die Einordnung erfolgt durch die Verteilung von ökonomischem und kulturellem Kapital (Hermann, 2003, S. 144). Durch diese Klassifizierung werden innerhalb der Klassen gewisse Denk-, Handlungs- und Verhaltensmuster, welche dem Habitus entsprechen, weitergegeben (Hermann, 2003, S. 145). Dementsprechend wird Geschlecht zwar individuell und interaktiv von den verschiedenen Parteien entwickelt, jedoch nur im Rahmen gewisser Kategorien und Klassifikationsschemata, die von den jeweils herrschenden Verhältnissen und somit auch vom aktuellen Genderdiskurs vorgegeben werden (Krell, Rastetter & Reichel, 2012, S. 20). Im Habitualisierungsprozess wird dem Individuum jegliche Eigenleistung zunächst abgesprochen (Lellé, 2017, S. 17). Der Habitus wird als deterministisch internalisiert angesehen, jedoch nicht als statisch, sondern als dynamisch und in Grenzen veränderbar. Ein Ausbruch aus dem eigens anerzogenen Habitus ist zum Beispiel durch geschlechter- oder schichtübergreifende Freundschaften möglich (Hermann, 2003, S. 145).

2.2 Führung

Die Definition von Führung erscheint ebenso komplex, wie die des Geschlechts, da auch dieser Begriff durch die Gesellschaft in verschiedene Richtungen geprägt wurde. Zudem ist der Terminus vielseitig einsetzbar. Er kann sowohl im politischen und militärischen als auch im religiösen und ökonomischen Geschehen vorgefunden werden[2]. Über die Jahre hinweg wurde vielfach versucht, Führung zu definieren. Diese Auslegungen unterscheiden sich zwar alle mehr oder weniger in einigen Punkten, jedoch können ein paar Faktoren, die Führung ausmachen sollen, als grundsätzlich konsensuell in Bezug auf die verschiedenen Explikationen betrachtet werden. Dieser Grundkonsens beinhaltet, dass …

- …Führung ein Prozess ist
- …Führung die Beeinflussung von Personen beabsichtigt
- …Führung im Kontext einer Gruppe stattfindet
- …durch Führung im Vorfeld gesetzte Ziele, die in irgendeiner Weise von Führendem und Geführten geteilt werden, erreicht werden sollen (Blessin & Wick, 2017, S. 30)

Da Definitionen ohne theoretische Verankerung allerdings sehr abstrakt sind, werden hier noch einige Führungstheorien erläutert, um eine genauere Vorstellung der Bestandteile von Führung und ihren Wirkungsweisen herzustellen.

Der **personalistische Führungsansatz** konzentriert sich allein auf Persönlichkeitsmerkmale der Führungskraft. Weitere Umstände wie das Verhalten oder Merkmale des Geführten, situative Einflüsse auf das Verhalten oder Veränderungen in der Persönlichkeit des/der Führenden werden hier vernachlässigt. Blessin und Wick (2017, S. 44) stellen dabei fest, dass die Kausalrichtung einseitig und unvermittelt sei und nur wer bestimmte Eigenschaften habe, könne dadurch erfolgreich werden.

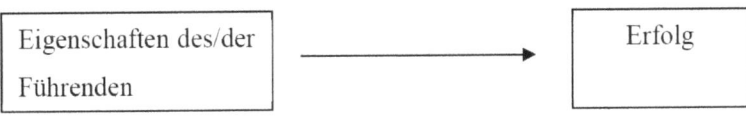

Abbildung 1: Personalistischer Führungsansatz
(Blessin & Wick, 2017, S. 44)

Beim **verhaltensorientierten Führungsansatz** wird unterstellt, dass das Verhalten im Sinne eines bestimmten Führungsstils Erfolg verspricht. Das Verhaltensmuster des Führungsstils wird allein der Führungskraft zugesprochen. Auch in diesem Ansatz

---

[2] In dieser Arbeit wird vorrangig auf die ökonomische Führung Bezug genommen.

haben die Geführten keine aktive Rolle inne. Die Führungskraft wirkt lediglich mit seinem/ihren Verhalten auf sie ein (Blessin & Wick, 2017, S. 45).

Abbildung 2: Verhaltensorientierter Führungsansatz
(Blessin & Wick, 2017, S. 45)

In den **Kontingenzansätzen** liegt der Schwerpunkt darauf, dass die Beziehung zwischen Führungsstil und Erfolg durch situationsbedingte Gegebenheiten (z.B. wirtschaftliche Lage des Unternehmens, Qualifikation oder Wesen des Mitarbeiters etc.) beeinflusst wird. Der jeweils gewählte Führungsstil kann in einer Situation, in der er angemessen ist, stark positiv mit Erfolg korrelieren und in Situationen, in denen er weniger passend erscheint, weniger positiv, gar nicht oder gegebenenfalls sogar negativ mit Erfolg korrelieren. Der Kontingenzansatz schließt nicht aus, dass eine Führungskraft alle Führungsstile beherrscht und in der Lage ist, diese situationsadäquat einzusetzen (Blessin & Wick, 2017, S. 45).

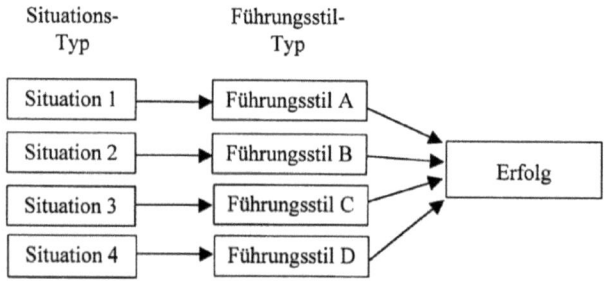

Abbildung 3: Kontingenzansätze
(Blessin & Wick, 2017, S. 45)

Die Führungskraft wird in der **Rollentheorie der Führung** als Fokalperson angesehen und steht somit im Mittelpunkt der Erwartungen der einzelnen Stakeholder. Die Aufgabe des/der Führenden ist es, die Erwartungen für alle möglichst ausgeglichen zu befriedigen, woran auch das Verhalten angeglichen wird. Eine direkte Erfolgsbeziehung bleibt in diesem Modell unerwähnt, es sei denn, man sieht das Zufriedenstellen von Shareholdern oder höher gestellten Führungskräften (Vorgesetzten) als Erfolg an (Blessin & Wick, 2017, S. 45).

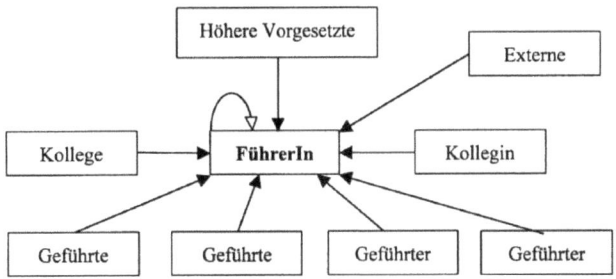

Abbildung 4: Rollentheorie der Führung
(Blessin & Wick, 2017, S. 45)

Die schwarzen Pfeile entsprechen in der Abbildung den verschiedenen Erwartungen der Stakeholder an die Führungskraft. Der weiße Pfeil zeigt das Verhalten, das die Führungskraft beim Ausbalancieren dieser Erwartungen immer wieder anpasst.

Der letzte Führungsstil, der hier erläutert wird, ist die **symbolische Führung**. Hierbei wird Erfolg nicht durch die Umstände oder das Wesen der Geführten oder Führenden herbeigeführt, sondern dadurch, dass es der Führungskraft gelingt, zu bestimmten Prozessen, Tatsachen und Zuständen Deutungsangebote und -vorgaben zu erzeugen. Hierdurch werden die Geführten die Prozesse, Tatsachen und Zustände in diese Richtung deuten und ihr Verhalten dementsprechend ausrichten. Somit soll die Erreichung der Zielvorgaben unterstützt werden (Blessin & Wick, 2017, S. 46).

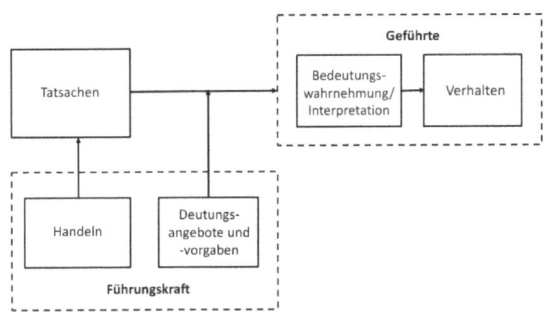

Abbildung 5: Symbolische Führung
(Blessin & Wick, 2017, S. 46)

2.3 Aufsichtsratsgremien

Im deutschen Aktiengesetz wird in §§95-116 AktG der Grundstein für die Bildung von Aufsichtsräten in Kapitalgesellschaften gelegt. Auch in einer Genossenschaft kann ein Aufsichtsrat gebildet werden, wenn diese die entsprechende Größe hierfür vorweisen kann. Entgegen der geltenden Gesetzeslage für Kapitalgesellschaften ist es für Gesellschaften mit beschränkter Haftung (kurz: GmbH) und Personengesellschaften wie der OHG und der KG nicht zwingend nötig, einen Aufsichtsrat zu bilden. In einer GmbH und den vorher genannten Personengesellschaften ist die Einrichtung freiwillig möglich, wenn dies im Gesellschaftsvertrag oder der Satzung vereinbart wurde. Ab einer Unternehmensgröße von mehr als 500 Mitarbeiten, muss auch innerhalb der GmbH ein Aufsichtsrat eingerichtet werden. Der Aufsichtsrat besteht aus mindestens drei und höchstens 21 Mitgliedern. Die Anzahl der Aufsichtsräte eines Unternehmens richtet sich nach dem Grundkapital oder der ArbeitnehmerInnenanzahl (AktG, § 95).

2.3.1 Rechte und Pflichten des Aufsichtsrats

Die Hauptaufgabe des Aufsichtsrats liegt in der Überwachung der Geschäftsleitung zum Wohle des Unternehmens (AktG, §111 Abs. 1), was vor allem den Vorstand betrifft. Die Überwachung beinhaltet vor allem die Unternehmensstrategie und -organisation. Darüber hinaus muss der Aufsichtsrat das Handeln bei besonderen Sachverhalten der Geschäftsleitung überwachen und beratend zur Seite stehen (Institut für den öffentlichen Sektor e.V., 2013, S. 8). Dabei muss der Aufsichtsrat immer in Bezug auf gewisse Maßstäbe handeln:

- **Rechtmäßigkeit**: Der Aufsichtsrat muss überprüfen, ob der Vorstand bei all seinen Handlungen gesetzes- und satzungskonform agiert (Institut für den öffentlichen Sektor e.V., 2013, S. 8).

- **Ordnungsmäßigkeit**: Hierbei wird darauf geachtet, ob der Vorstand bei seiner Arbeit betriebswirtschaftliche Prinzipien zugrunde legt, das Rechnungswesen nach den Grundsätzen ordnungsmäßiger Buchführung durchgeführt wird und ob das Planungs- und Berichtswesen, sowie das Kontroll- und Risikomanagement effektiv und wirkungsvoll umgesetzt werden (Institut für den öffentlichen Sektor e.V., 2013, S. 8).

- **Zweckmäßigkeit und Wirtschaftlichkeit**: In Bezug auf diesen Punkt muss geprüft werden, ob Maßnahmen zur Erreichung der Unternehmensziele angemessen eingesetzt werden und betriebliche Kennzahlen sowie die Unternehmensfinanzierung den Standards der Branche entsprechen (Institut für den öffentlichen Sektor e.V., 2013, S. 8).

Die Kontrollfunktion übt der Aufsichtsrat durch Überprüfung der regelmäßigen Berichte der Geschäftsleitung aus (AktG, § 172). Sollten diese nicht ausreichen, ist es dem Aufsichtsrat vorbehalten, dass der Vorstand ihm Einblick in weitere Unterlagen gewähren muss. Beratend wird er vor allem in besonders gewichtigen Geschäftsvorgängen tätig. Dies kann beispielsweise bei Anpassungen in der Unternehmensstrategie oder beim Verkauf von Unternehmensbereichen der Fall sein. Der obligatorisch gebildete Aufsichtsrat ist darüber hinaus noch für die Bestellung und Abberufung der

Geschäftsleitung und die Vergütungsregelung dieser zuständig, sowie für die Prüfung der jährlichen Finanzberichterstattung des Unternehmens und die Bestellung des zuständigen Abschlussprüfers. Beim obligatorisch gebildeten Aufsichtsrat ist es zudem vorgeschrieben, dass ein Katalog über zustimmungspflichtige Geschäfte erstellt wird (AktG, §111 Abs. 4) und dieser in die Satzung mit aufgenommen wird. Der Zustimmungsvorbehalt kann sich auf bestimmte Geschäftsarten beziehen, aber auch an Wertgrenzen der Geschäfte gebunden sein (Institut für den öffentlichen Sektor e.V., 2013).

2.3.2 Arten der Zusammensetzung von Aufsichtsratsgremien

In Deutschland gibt es mehrere verschiedene Möglichkeiten von Zusammensetzungen der Aufsichtsratsgremien. Die Zusammenstellung aus Anteilseigner- und ArbeitnehmervertreterInnen hängt zum einen von der Betriebsgröße, zum anderen von der Branche ab. Diese Zusammenstellung soll dazu dienen, dass nicht nur die Interessen der Anteilseigner in Bezug auf die Unternehmenspolitik, sondern auch die der Belegschaft gewahrt werden können. Hierfür gibt es drei Gesetze, die jeweils bei verschiedenen Arten von Kapitalgesellschaften Anwendung finden und die Verteilung der Sitze im Aufsichtsrat regeln.

Das **„Drittelbeteiligungsgesetz"** ist am 1. Juni 2004 in Kraft getreten und findet Anwendung auf Unternehmen mit 500 bis 2000 MitarbeiterInnen. Es löste das Betriebsverfassungsgesetz von 1952 ab, welches bis dahin die Mitbestimmung in Unternehmen dieser Größe geregelt hat (Hans Böckler Stiftung, 2017).

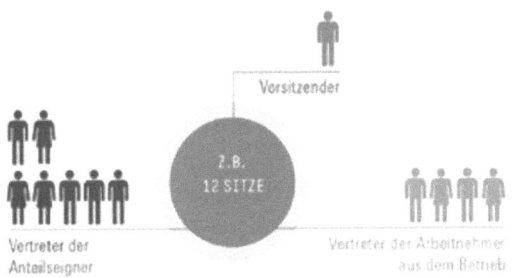

Abbildung 6: Zusammensetzung nach dem Drittelbeteiligungsgesetz
(Hans Böckler Stiftung, 2017)

Die Größe des Aufsichtsrats wird hierbei in der Satzung festgelegt, wobei ein Drittel der Sitze von ArbeitnehmervertreterInnen besetzt werden. Den Vorsitz des Aufsichtsrats haben jedoch immer VertreterInnen der Anteilseignerseite inne. Eine Beteiligung von GewerkschaftsvertreterInnen ist nicht verpflichtend vorgeschrieben. Die Wahl der ArbeitnehmervertreterInnen wird mittels Urwahlverfahrens durchgeführt (Hans Böckler Stiftung, 2017).

Begriffserklärung und Gesetzeslage

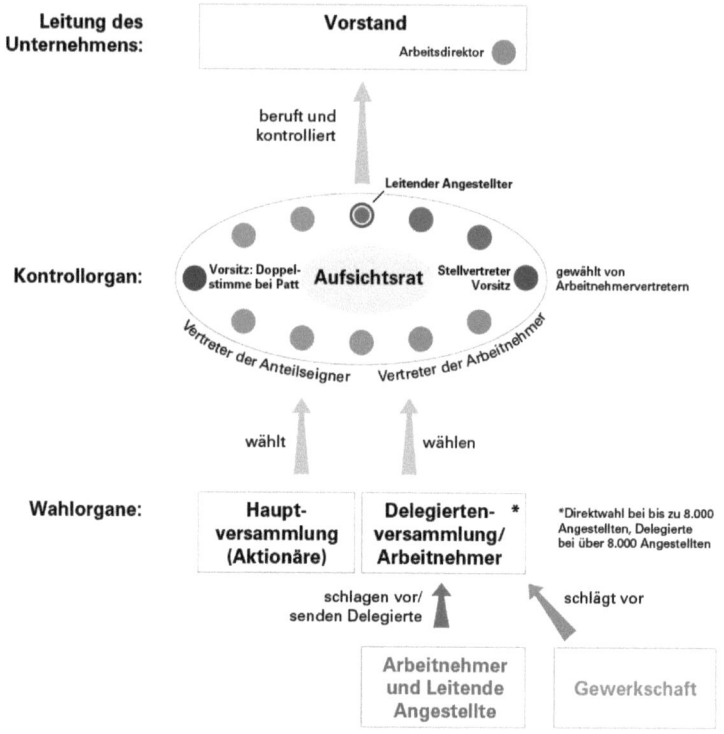

Abbildung 7: Zusammensetzung nach dem Mitbestimmungsgesetz von 1976 (Hans Böckler Stiftung, 2017)

Hat ein Unternehmen mehr als 2000 Angestellte, so findet das **Mitbestimmungsgesetz von 1976** Anwendung auf die Verteilung der Sitze im Aufsichtsrat. Zwar kann man hier auf den ersten Blick von einer paritätischen Verteilung der Sitze auf Arbeitnehmer- und Anteilseignervertrerlnnen ausgehen, jedoch besteht hier eine strukturelle Unterparität der ArbeitnehmervertreterInnen, da in Pattsituationen der/die Vorsitzende, welche/r von der Anteilseignerseite entsendet wird, doppeltes Stimmgewicht erhält. Der stellvertretende Vorsitzende ist in der Regel ein Mitglied der Arbeitnehmervertretung. Beide Vorsitzende müssen vom Aufsichtsratsgremium mit einer Zweidrittelmehrheit gewählt werden. Die Anzahl der Sitze im Aufsichtsrat bewegt sich zwischen 12 und 20 und wird an der Größe der Belegschaft bemessen. Außerdem wird es den Gewerkschaften ermöglicht, ein Vorschlagsrecht für zwei bis drei Sitze auszuüben. Die Gewerkschaftskandidaten müssen sich ebenso wie die betrieblichen VertreterInnen zur

Wahl stellen. Die Wahl findet bei bis zu 8000 Angestellten als Urwahl statt, bei mehr als 8000 als Delegiertenwahl (Hans Böckler Stiftung, 2017).

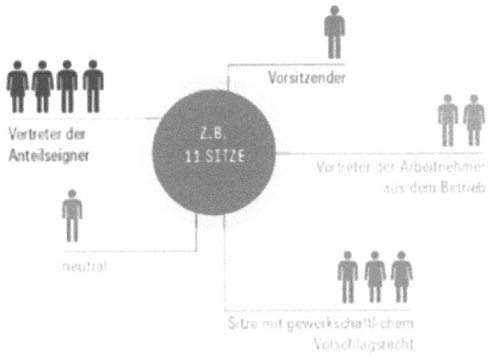

Abbildung 8: Zusammensetzung nach dem Montanmitbestimmungsgesetz (Hans Böckler Stiftung, 2017)

Die weitreichendste Form der Mitbestimmung bringt das **Montanmitbestimmungsgesetz** vom 7. Juni 1951 mit sich. Es findet Anwendung in Betrieben der Bergbau- sowie Stahl- und Eisenindustrie mit mehr als 1000 Beschäftigten. Der Aufsichtsrat kann aus 11, 15 oder 21 Mitgliedern bestehen, wobei sowohl Anteileigner- als auch ArbeitnehmervertreterInnen paritätisch vertreten werden. So kann die Verteilung eines Aufsichtsrats mit 11 Sitzen folgendermaßen aussehen: Der/die Vorsitzende ist Vertreter der AnteilseignerInnen. Vier weitere Sitze entfallen auf die AnteilseignerInnen. Die Gewerkschaften können – je nach Größe des Aufsichtsrats – zwei bis vier Vorschläge für die Besetzung unterbreiten. Diese VertreterInnen müssen ebenso gewählt werden wie die betrieblichen VertreterInnen[3]. Zuletzt entfällt noch ein Sitz auf eine neutrale Person, auf die sich beide Seiten einigen müssen. Diese Person darf weder aus den Reihen der Gewerkschaft noch aus denen der ArbeitgeberInnen oder ArbeitnehmerInnen kommen. Zudem ist es auch nicht erlaubt, dass sie größere Anteile – beispielsweise in Form von Aktien – an dem Unternehmen hält. Die ArbeitnehmervertreterInnen werden in Unternehmen, die unter die Montanmitbestimmung fallen durch die Betriebsräte gewählt (Hans Böckler Stiftung, 2017).

---

[3] Bis 1981 hatten die Gewerkschaften die Möglichkeit, ihre VertreterInnen zu entsenden.

2.4 Gesetzeslage zur Frauenquote

Am 1. Mai 2015 ist das Gesetz zur gleichberechtigten Teilhabe von Frauen und Männer an Führungspositionen in Deutschland beschlossen worden. Es kann in drei Elemente unterteilt werden:

- 30%-Quote
- Verbindliche Zielvorgaben
- Regelungen für den öffentlichen Dienst

Das erste Element besagt, dass 30% der Aufsichtsratssitze auf Frauen entfallen müssen. Dies gilt jedoch nicht für alle Aufsichtsratsgremien, sondern lediglich für die aller börsennotierten *und* paritätisch mitbestimmten Kapitalgesellschaften. Das bedeutet, dass Aktiengesellschaften und Kommanditgesellschaften auf Aktien mit mehr als 2000 ArbeitnehmerInnen, sowie Europäische Aktiengesellschaften, bei denen das Aufsichts- und Verwaltungsorgan paritätisch von Anteilseigner- und ArbeitnehmervertreterInnen besetzt wird, der Quote unterliegen. Die Quote findet Anwendung auf Wahlen, die ab dem 1. Januar 2016 abgeschlossen wurden, als auch auf Entsendungen (Weckes, 2016, S. 3). Die Quote gilt für das Gremium als Ganzes. Dies bedeutet, dass wenn beispielsweise die Quote auf Seite der ArbeitnehmerInnen erfüllt werden würde, müssten die AnteilseignerInnen keine Frauen entsenden. Vor jeder Wahl kann allerdings ein Antrag auf Getrennterfüllung gestellt werden. Dies bedeutet, dass beide Bänke gesondert einen Frauenanteil von 30% erfüllen müssen. Können die 30% – egal, ob durch Gesamt- oder Getrennterfüllung – nicht eingehalten werden, entsteht an Stelle des Sitzes, der gegen die Quote verstoßen würde, ein sogenannter „leerer Stuhl", was heißt, dass die Entsendung oder Wahl nichtig ist und der Platz unbesetzt bleibt (Schlichtmann, 2015, 3ff).

Alle Unternehmen die börsennotiert *oder* mitbestimmt sind, müssen verbindliche Zielvorgaben festlegen. Die Zielvorgaben erfassen Pläne zur Erhöhung des Anteils des Minderheitengeschlechts im Aufsichtsrat, Vorstand und der beiden obersten Managementebenen und müssen im Lagebericht publiziert werden. Aktiengesellschaften, Kommanditgesellschaften auf Aktien, Gesellschaften mit beschränkter Haftung, eingetragene Genossenschaften, europäische Aktiengesellschaften und Versicherungsvereine auf Gegenseitigkeit mit in der Regel mehr als 500 Mitarbeitern unterliegen der Verpflichtung verbindliche Zielvorgaben festzusetzen. Die Vorgaben müssen mindestens so hoch wie der Status Quo sein, falls dieser zum Stichtag weniger als 30% beträgt. Außerdem muss ein Zeithorizont[4] angegeben werden, in dem die Zielvorgabe erreicht werden soll (Weckes, 2016, S. 3).

---

[4] Als Begrenzung des Zeithorizonts galt der 30. Juni 2017. Der Zeithorizont konnte aber – wenn gewünscht – auch kürzer sein.

Dieser Zeitraum darf bei der ersten Festlegung nicht größer als zwei Jahre sein, bei jeder darauffolgenden nicht höher als fünf Jahre. Im September 2015 mussten erstmals Zielvorgaben abgegeben werden (Weckes, 2016, S. 3). Im Falle einer Nichterreichung der Zielvorgaben drohen hier keine Sanktionen, da diese kontraproduktiv gegen die Ambitionen der Unternehmen wirken könnten. Hingegen muss der Vorstand aber eine Erklärung abgeben, was er unternommen hat, die Ziele zu erreichen und warum ihm dies nicht geglückt ist (Schlichtmann, 2015, S. 12).

In Bezug auf den öffentlichen Dienst[5] gilt für alle Aufsichtsratsgremien, in denen mindestens drei Sitze dem Bund zustehen, ebenfalls die 30% Quote für alle Neubesetzungen ab 2016. Für alle Neubesetzungen ab 2018 trat eine Quotenerhöhung auf 50% in Kraft. Dahingehend fand auch eine Novellierung des Bundesgremienbesetzungsgesetzes statt. Diese Quoten sind nicht nur für Aufsichtsratsgremien vorgeschrieben, sondern auch für alle wesentlichen Gremien, in die der Bund Mitglieder entsendet. Zudem wurde durch eine Novellierung des Bundesgleichstellungsgesetz vorgeschrieben, dass Gleichstellungspläne mit verbindlichen Zielvorgaben und konkrete Maßnahmen zur Umsetzung für die einzelnen Führungsebenen aufgestellt werden müssen (Weckes, 2016, S. 3).

---

[5] In der Arbeit wird nicht weiter Bezug auf den öffentlichen Dienst genommen.

3 Anteil der weiblichen Erwerbstätigen und atypische Beschäftigungsverhältnisse

Im Jahr 2017 haben in Deutschland ca. 81,7 Millionen Menschen gelebt, davon waren knapp 51 Prozent weiblich. Darunter befanden sich 43,3 Millionen Erwerbspersonen (Personen zwischen 15 und 65 Jahren, die sich weder in Rente oder Pension noch in Bildung befunden haben), die sich auf etwa 23,3 Millionen männliche und 20 Millionen weibliche Erwerbspersonen aufteilen (Statistisches Bundesamt, 2018, S. 358). Die Erwerbslosenquote bei Männern war mit 4,1% höher als die der Frauen mit 3,3% (Statistisches Bundesamt, 2018, S. 365). Von den erwerbstätigen Frauen bestreiten etwa 7% ihren Lebensunterhalt trotz ihrer Erwerbstätigkeit hauptsächlich durch das Einkommen von Angehörigen wie zum Beispiel dem Ehepartner. Bei den erwerbstätigen Männern trifft dies nur auf 2% zu (Statistisches Bundesamt, 2018, S. 358). Ein Grund hierfür könnte darstellen, dass sich beinahe jede dritte Frau (31%) im Jahr 2017 in einem atypischen Beschäftigungsverhältnis[6] befunden hat. Im Jahr 1991 hat dies fast jede vierte Frau (23%) betroffen. Im Vergleich dazu befanden sich im Jahr 1991 6% und im Jahr 2017 12% der Männer in einem solchen Arbeitsverhältnis. Die Tendenz für diese Zahl ist zwar auch steigend, jedoch weit hinter der der Frauen (Statistisches Bundesamt, 2018, S. 362). Betrachtet man diese Zahlen genauer, ist zu erkennen, dass sich die größten Unterschiede bei geringfügiger und Teilzeitbeschäftigung ergeben. Denn obwohl es in Deutschland ca. 2,3 Millionen mehr erwerbstätige Männer als Frauen gibt, arbeiten wesentlich mehr Frauen (ca. 4 Millionen) in einer Teilzeitbeschäftigung mit 20 oder weniger Wochenstunden als Männer (ca. 0,7 Millionen). Ein ähnliches Bild ergibt sich bei der geringfügigen Beschäftigung: Hiervon sind etwas mehr als eine halbe Million Männer betroffen, bei den Frauen ist diese Zahl dreimal so hoch (Statistisches Bundesamt, 2018, S. 362).

Die Gründe für Teilzeittätigkeiten – ob freiwillig oder unfreiwillig – können vielfältig sein. Bei einer Befragung zur Qualität der Arbeit des Statistischen Bundesamtes haben die Befragten unter anderem als Gründe Aus- und Weiterbildung (vor allem Männer), Krankheits- oder Unfallfolgen und dass es ihnen nicht möglich ist, eine Vollzeitstelle zu finden, angegeben. Doch der größte Teil der Frauen (28,5%) – wie man in Abbildung 9 sehen kann – gab an, dass sie nur einer Teilzeitbeschäftigung nachgehen, um den Beruf mit Kinderbetreuung oder der Betreuung von pflegebedürftigen Angehörigen vereinbaren zu können. Darüber hinaus gaben noch weitere 18,6% der Frauen „Sonstige familiäre oder persönliche Verantwortungsbereiche" als Grund für ihre Teilzeitbeschäftigung an. Im Gegensatz dazu sind die Anteile der Männer mit 3,7% (Betreuung von Kindern oder pflegebedürftigen Verwandten) bzw. 6,1% (Sonstige familiäre oder

---

[6] Atypische Beschäftigungsverhältnisse beinhalten Teilzeitbeschäftigung mit 20 oder weniger Wochenstunden, geringfügige oder befristete Beschäftigung oder Zeitarbeitsverhältnisse.

persönliche Verantwortungsbereiche) nahezu verschwindend gering (Crößmann, Günther & Marder-Puch, 2017, S. 31).

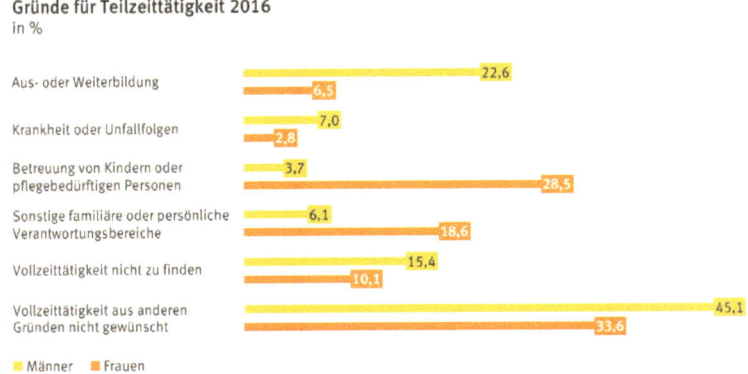

Abbildung 9: Gründe für Teilzeittätigkeiten
(Crößmann et al., 2017, S. 31)

Darüber hinaus waren 2016 61,8% der Eltern mit mindestens einem Kind unter sechs Jahren im Haushalt berufstätig. Betrachtet man jedoch die Teilzeitquoten nach Geschlecht, fallen drastische Unterschiede auf, denn 94% der berufstätigen Väter waren vollzeitbeschäftig und nur 6% gingen einer Teilzeitbeschäftigung nach. Wohingegen 71,9% der berufstätigen Mütter teilzeitbeschäftigt waren und lediglich 28,1% Vollzeit arbeiteten (Crößmann et al., 2017, S. 34). Dieses atypische Beschäftigungsverhältnis bringt jedoch nicht nur Vorteile wie mehr Zeit für private Angelegenheiten mit sich, sondern auch Nachteile. Denn durch die Teilzeitbeschäftigung verringern sich zum einen natürlich die Rentenansprüche, zum anderen sinken dadurch die Chancen auf einen Karriereaufstieg (Holst & Friedrich, 2017, S. 10).

4 Gründe für die Unterrepräsentanz von Frauen in Unternehmensführungen und Aufsichtsräten

Wie vorher erläutert, ist die hohe Teilzeitquote ein Beispiel für Gründe, warum es für Frauen schwerer als für Männer ist, den Aufstieg auf der Karriereleiter zu meistern. Darüber hinaus gibt es noch viele weitere Gründe, die nicht nur im persönlichen Umfeld, sondern auch auf Unternehmensebene oder in der Gesellschaft verwurzelt sind. Daher wird im nächsten Abschnitt versucht diese Gründe zu identifizieren und die Frage zu beantworten, welche Bedingungen die Repräsentanz von Frauen in Unternehmensführungen und Aufsichtsräten beeinflussen.

4.1 Personenbedingte Gründe

Teilweise lassen sich diese Ursachen für das Fernbleiben von Führungspositionen durch Frauen auf gewisse Lebensentscheidungen und Verhaltensweisen zurückführen. Einige davon sollen hier ermittelt werden.

4.1.1 Rush Hour des Lebens

Laut einer Repräsentativuntersuchung der Sinus Sociovision GmbH wollen in Deutschland 84% der Frauen – wenn auch in verschiedenen Lebenskonstellationen – berufstätig sein. Nur 16% bevorzugen hingegen das traditionelle Ernährermodell, bei dem der Mann das Geld verdient und die Frau sich zuhause um Haushalt und Kinder kümmert. Spitzenreiter unter den verschiedenen Modellen ist das gleichgestellte Familienmodell. Hier kümmern sich Mann und Frau gleichermaßen um Kindererziehung und Haushalt und arbeiten gleich viel (Wippermann & Wippermann, 2014, S. 9). Doch dies zu realisieren ist nicht immer möglich. Laut dem Statistischen Jahrbuch liegt das Durchschnittsalter von Frauen bei der Geburt des ersten Kindes bei 29,6 Jahren (Statistisches Bundesamt, 2018, S. 36), wobei Akademikerinnen ihr erstes Kind deutlich später gebären als beispielsweise Facharbeiterinnen (Bertram et al., 2011, S. 96). In dem Alter, in dem meist die Entscheidung über Kinder gefällt wird, ist die sog. Rush Hour des Lebens anzusiedeln. Ein eventueller Kinderwunsch ist dabei nur ein Bestandteil, denn in dieser Lebensphase, die in etwa im Alter von 25 beginnt und bis zum 40. Lebensjahr andauert (Bujard, 2012), müssen weitere Entschlüsse, die sich gravierend auf den anschließenden Lebensverlauf auswirken, getroffen werden. Daher wird dieser Teil der Rush Hour des Lebens die Rush Hour der Lebensentscheidungen genannt. In diesem Lebensabschnitt findet meist der Übergang vom Einverdienermodell zum Zweiverdienermodell statt und berufliche Pläne müssen zeitlich und räumlich koordiniert bzw. synchronisiert werden (Bujard & Panova, 2014, S. 2). Viele Ausbildungen sind anspruchsvoller geworden und dadurch hat sich auch die Ausbildungszeit für einen Großteil der Berufe verlängert. Zudem dauert es länger als früher, in einem sicheren, unbefristeten Beschäftigungsverhältnis anzukommen, da oftmals unbefristete

Beschäftigungsverhältnisse nur über Praktika oder befristete Arbeitsverhältnisse erreicht werden können. Daraus hat sich ergeben, dass sich das Einkommenshoch nach dem Pro-Kopf-Einkommen von Mitte 20 (1973) gegenüber der mittleren Lebensphase mit Mitte 30 auf Mitte 50 (2009) verschoben hat. Damit sehen sich viele AkademikerInnen erst in späteren Lebensphasen bereit zur Familiengründung oder überhaupt nicht. Beispielsweise bekommen 42% der Akademikerinnen erst nach dem 35. Lebensjahr ihr erstes Kind und gar 30% bleiben gänzlich kinderlos (Bujard & Panova, 2014, S. 3). Entscheidet man sich dann dafür, Kinder zu bekommen, sieht man sich im zweiten Teil der Rush Hour des Lebens angekommen. Dieser Teil wird die Rush Hour im Familienzyklus genannt (Bujard & Panova, 2014, S. 2). Die Rush Hour im Familienzyklus betrifft vorrangig die Frau, denn obwohl die typischen Rollenbilder der bürgerlichen Gesellschaft mit dem Mann als Brotverdiener und der Frau als Hausfrau und Mutter oberflächlich aufgebrochen sind, so ist es meist immer noch die Frau, die nach der Geburt erst einmal beruflich zurücksteckt und sich um das Kind kümmert. So haben Bathmann, Müller und Cornelißen (2013, S. 124–128) herausgefunden, dass es nach der Geburt des ersten Kindes bei Paaren zu zwei verschiedenen Mustern kommt, die vorrangig auftreten: die Priorisierung der männlichen Karriere und das dauerhafte Doppelkarrieremanagement. Hingegen ist die Priorisierung der weiblichen Karriere eher die Ausnahme. Doch je egalitärer die Beziehung aufgebaut ist, desto mehr wird die Rush Hour im Lebenszyklus auch Problem des Mannes (Bujard & Panova, 2014, S. 3). Dies ist allerdings immer noch sehr selten der Fall, denn 61% der Frauen zwischen 18 und 65 Jahren haben bereits eine familienbedingte Berufsunterbrechung erlebt, wobei dies bei den Männern nur auf 11% zutrifft (Wippermann & Wippermann, 2014, S. 15). Bei den Frauen zwischen 30 und 49 Jahren liegt dieser Anteil bei 72% und die 50- bis 65-jährigen, bei denen der Anteil bei 70% liegt, sehen sich teilweise mit einer erneuten Entscheidung zur Berufsunterbrechung konfrontiert, da die Pflege von Verwandten ebenfalls meist von Frauen übernommen wird (Wippermann & Wippermann, 2014, S. 16). Danach stehen sie der Überlegung gegenüber, ob ein Wiedereinstieg ins Berufsleben noch sinnvoll oder gar möglich ist. Die durchschnittliche Dauer der Berufsunterbrechung aufgrund von Kindern beträgt 56 Monate und steigt tendenziell auch mit der Zahl der Kinder (Wippermann & Wippermann, 2014, S. 17). Zwar sagt fast die Hälfte der Frauen (44%), die sich zum Zeitpunkt der Erhebung in einer beruflichen Unterbrechung befunden hat, dass sie demnächst wieder in das Berufsleben einsteigen wollen, dennoch besteht die Gefahr, dass man in die Rolle der Hausfrau rutscht und nur schwer wieder herauskommt. Vor allem aber Frauen mit höherem Bildungsabschluss halten ihre Berufsunterbrechung kurz, was verschiedene Gründe hat:

- Selbstverständnis der Frau: Frauen mit einem höheren Bildungsabschluss sehen sich eher als gleichberechtigt in der Partnerschaft an, wohingegen Angehörige der Unterschicht oft noch eine traditionelle Rollenverteilung leben und weniger Unterstützung im Haushalt und der Kindererziehung von ihrem Partner erfahren
- Materielle und organisatorische Ressourcen: Frauen aus höheren Bildungsschichten fällt es leichter in Hinblick auf monetäre und organisatorische Gesichtspunkte i.s.v. Networking die Rahmenbedingungen für einen zügigen Wiedereinstieg herzustellen
- Berufliche Position: Auch haben Frauen mit einem höheren Bildungsniveau meist eine verantwortungsvollere Position inne. Dadurch sehen sie sich selbst in der Pflicht, diese sobald wie möglich wieder einzunehmen, um sie nicht zu verlieren. (Wippermann & Wippermann, 2014, S. 20)

Zwar sind Frauen mit höherem Bildungsniveau oft bestrebt schnell wieder in ihren Beruf einzusteigen, jedoch verschafft diese Unterbrechung den Männern einen Vorteil in Bezug auf den Karriereaufstieg. Aufgrund der Probleme beim Wiedereinstieg in das Berufsleben schlagen viele Frauen Berufswege ein, die weniger dynamisch in Bezug auf das geforderte Wissen sind und somit eine Unterbrechung leichter ermöglichen. Allerdings sind diese Tätigkeitsfelder oft mit wenig Entwicklungsmöglichkeiten und geringen Aufstiegschancen verbunden (Bundesministerium für Familie, Senioren, Frauen und Jugend [Bmfsfj], 2012, S. 94). So kann der Kinderwunsch für Frauen oftmals zum Karrierekiller oder zumindest zur Karrierebremse werden. Um dieses Problem zu überwinden, ist vor allem die Politik gefordert, Anpassungen in der Familienpolitik vorzunehmen. Darüber hinaus ist es noch möglich, dieses Problem durch dynamische Arbeitszeitmodelle zu regulieren. Diese verschiedenen Möglichkeiten sollen näher unter Punkt 5 erläutert werden.

4.1.2 Probleme bei Gehalts- und Aufstiegsverhandlungen

Ein weiteres Problem, durch das Frauen benachteiligt werden, findet meist den Ursprung schon in der Erziehung. Der Habitus der Frau (vgl. Punkt 2.1.2) wird schon durch ihr Umfeld dahingehend geprägt, dass sie in einer Welt der männlichen Herrschaft leben. In modernen Gesellschaften werden diese Muster reproduziert und können sich durch Denk-, Verhaltens- oder auch Handlungsmustern auswirken (Lellé, 2017, S. 30–33). Eine Ausprägung hiervon, die viele Frauen betrifft, ist die Erwartungshaltung die Familie und ihr Umfeld im Fokus zu haben und erst im zweiten Schritt an sich selbst zu denken (Buchenau, 2016, S. 8). Dieses Denken ist bei vielen Frauen so verinnerlicht, dass sie ihren eigenen Wert selbst nicht mehr oder zu gering wahrnehmen. Doch dieser Selbstwert ist ein wichtiges Instrument, damit der Aufstieg auf der Karriereleiter gelingen kann. Eine realistische Selbsteinschätzung und das Bewusstsein für die eigenen Kompetenzen sind hier unabdingbar. Frauen stellen sich oft in den Hintergrund. Ihre eigenen Leistungen sehen Frauen eher als durchschnittlich oder nur als einen Teil des Erfolges an, wohingegen sich Männer bewusst sind, dass ihre Arbeit zum Erfolg geführt hat und das auch so darstellen (Leue, 2011). Doch durch ihr zurückhaltendes Verhalten wird nicht – was sich viele Frauen dadurch wünschen – vermieden, dass sie im Mittelpunkt stehen, sondern sie senden damit Signale aus. Diese Signale sind im beruflichen Aufstieg eher kontraproduktiv, denn sie zeigen, dass sich die Frau ihrer selbst und ihrer Arbeit nicht sicher ist. Wird diese Haltung erst einmal ausgesendet, wird man häufig bei der Beförderung übergangen, da einem die nächste Karrierestufe nicht zugetraut wird (Leue, 2011). Dieses Verhalten schlägt sich auch in Gehalts- und Aufstiegsverhandlungen nieder. So haben Andrea Ruppert und Martina Voigt eine empirische Erhebung über diese Verhandlungen durchgeführt. Ihre Ergebnisse zeigen zwar, dass weibliche Führungskräfte nicht weniger selten Gehalts- und Aufstiegsverhandlungen initiieren, jedoch weniger gerne über die Karriere verhandeln als ihre männlichen Kollegen (Ruppert & Voigt, 2012, S. 146). Legt man bei Verhandlungen aber eine negative Grundhaltung an den Tag, so kann man auch selten mit übermäßig positiven Ergebnissen rechnen. Auch die Befürchtung von negativen Ergebnissen beeinflusst die Grundeinstellung zu Verhandlungen, denn Frauen nehmen Rückschläge bei Verhandlungen – weitaus öfter als Männer – persönlich (Ruppert & Voigt, 2012, S. 146). Einen weiteren wichtigen Faktor nimmt die Vorbereitung ein. Diese hilft Nervosität vor dem Gespräch zu minimieren. Laut der Umfrage waren 25,5% der erfolgreichen Führungskräfte nervös vor dem Gespräch. Bei den nicht erfolgreichen war der Anteil rund zehn Prozentpunkte höher (Ruppert & Voigt, 2012, S. 147). Der entscheidende Faktor sind allerdings die eigenen kommunikativen Kompetenzen. Darunter werden vor allem die Fähigkeiten gezählt, den Vorgesetzten zum Zuhören zu bringen und Fragen zu beantworten. Darüber hinaus werden auch die Verteilung der Redeanteile und vor allem bei Frauen die Möglichkeit Fragen zu stellen als ausschlaggebend erachtet. Entgegen weitverbreiteter Vorstellungen, dass Frauen den Männern in Kommunikationsaspekten überlegen sind, haben es die Männer laut der Erhebung erfolgreicher gemeistert, ihre kommunikativen Kompetenzen situationsadäquat einzusetzen und somit ihre Ziele zu erreichen (Ruppert & Voigt, 2012, S. 147). Durch diese drei Faktoren, die Männer erfolgreicher zu meistern scheinen, stellt sich im Schluss das Ergebnis ein, dass Frauen zum einen bei Aufstiegs- und Gehaltsverhandlungen öfter übergangen werden und zum anderen Männer bei erfolgreichen Verhandlungen meist ein höheres Gehalt und eine bessere Position erlangen (Ruppert & Voigt, 2012, S. 144).

4.2 Soziokulturelle Gründe

Neben den Hemmnissen, die im Wesen und den Entscheidungen einiger Frauen liegen, hat auch die Gesellschaft und die Politik eine große Auswirkung auf die Unterrepräsentanz von Frauen in den obersten Unternehmensetagen.

4.2.1 Stereotype männlicher Führungskräfte gegenüber weiblichen Führungskräften als Hemmnis gegen den Aufstieg

Einer dieser Gründe auf gesellschaftlicher Ebene sind Vorbehalte, die die meisten männlichen Führungskräfte gegenüber Frauen haben, die ihnen potenziell ihren Rang streitig machen könnten. Wippermann (2010) und die Sinus Sociovision GmbH haben diese Gegebenheit im Auftrag des Bmfsfj näher untersucht und sind zu dem Schluss gekommen, dass die Einstellung männlicher Manager gegenüber Frauen in Führungspositionen in drei Typen eingeteilt werden kann:

1. **Konservativ eingestellte Männer:** Diese Männer sind strikt gegen Frauen in Führungspositionen und lehnen dies prinzipiell ab. „Man leitet aus dem Ist-Zustand eine normative Sollens-Aussage ab (was logisch ein naturalistischer Fehlschluss ist), aber in sich ist diese Sichtweise geschlossen und konsistent. Weiterhin plädieren sie darauf, dass Frauen in Führungspositionen häufig verbissene Einzelkämpferinnen sind" und „die Tugenden der Männer kopieren und die Männer zu übertreffen versuchen" (Wippermann, 2010, S. 17). Andererseits behaupten sie, dass sich die Frauen nicht vom operativen Geschäft lossagen können, ihnen die Fähigkeit zum Delegieren fehle und sie daher alles selbst machen wollen, wodurch sie nicht für höhere Aufgaben qualifiziert sind (Wippermann, 2010, S. 45–54).

2. **Männer mit aufgeschlossener Haltung gegenüber Frauen in Führungspositionen:** Diese Art von Mann sieht Frauen vordergründig als gleichberechtigt an und ist der Meinung, dass Frauen in Unternehmen Führungspositionen zustehen. Dies begrenzt sich jedoch auf das mittlere Management, denn im Top-Management geht es nur um die Optimierung des Ergebnisses und dafür wird vor allem eins von der obersten Managementebene verlangt: Härte! Es ist zwar möglich, dass eine Frau dieses Persönlichkeitsmerkmal aufweist, allerdings wird es nicht als natürlich und dem weiblichen Verhaltensbild unserer Gesellschaft entsprechend aufgefasst. Eine Vorständin, die sich so verhält, würde sofort negativ auffallen. Ein Mann mit diesem Verhaltensmuster wird hingegen als gewöhnlich angesehen. Bei der Frau wird dazu noch befürchtet, dass sie durch ihr Verhalten keine positive Repräsentanz des Unternehmens sicherstellen kann und dadurch der Reputation des Unternehmens nachhaltig schadet (Wippermann, 2010, 55-67).

3. **Männer mit individualistischer Grundhaltung:** Das dritte Mentalitätsmuster gibt vor, die Rolle des Geschlechts auf die Vergabe von Spitzenpositionen komplett zu vernachlässigen und die Qualifikation allein an Persönlichkeit, Fachkompetenzen und Kontinuität der Berufsbiographie gemessen werden kann. Diese Gruppe von Männern behauptet, dass es zu wenige Frauen gebe, die sich auf diese Positionen bewerben. Weiter gehen sie davon aus, dass es daran liegt, dass sich hochqualifizierte Frauen durch die Entscheidung Kinder zu bekommen, selbst ins Aus befördern, da durch die berufliche Unterbrechung die Kontinuität im Lebenslauf nicht mehr gegeben ist (Wippermann, 2010, 67-73).

Es würde ein Trugbild abgeben, zu behaupten, dass in einem Unternehmen nur eine dieser Denkweisen vorherrscht. Meist sind alle drei in den einzelnen Hierarchieebenen vertreten. Diese drei Mentalitätsmuster sind zwar in sich verschieden, was die Begründung betrifft, warum Frauen nicht in die obersten Unternehmenseben aufsteigen können bzw. sollen, aber im Zusammenspiel erzeugen sie „eine mehrfach gesicherte soziale Schließfunktion mit selektiver Durchlässigkeit" (Wippermann, 2010, S. 18). Zumal Männer die Mehrheit der Manager und Entscheider darstellen, stellt dieser Mechanismus eine verschränkte Sperre gegen den Aufstieg dar. Erfüllen sie für den einen Typ die Kriterien, die zur Beförderung nötig sind, fallen sie gleichzeitig mit jenem Verhalten in die Missgunst des anderen (Wippermann, 2010, 18f).

4.2.2 Familienpolitische Maßnahmen als Stabilisatoren klassischer Rollenbilder

Doch neben den Vorbehalten, die gegenüber weiblichen Führungskräften von männlichen Managern ausgehen, trägt auch die Familienpolitik zu einem Fernbleiben von Frauen von Führungs- und Aufsichtsratsgremien bei. Die Familienpolitik zielt vor allem auf den Schutz der Familie und Ehe als Institution ab. Sie fördert die Stabilität und soziale Teilhabe von Familien. Ein weiteres Ziel ist die Förderung der Vereinbarkeit von Familie und Beruf. Zudem kommt noch das Streben nach einer höheren Geburtenrate (Bujard, 2015). Im Folgenden wird hierfür eine familienpolitische Maßnahme – das Ehegattensplitting – näher betrachtet und ihre Wirkung auf die Frauenerwerbstätigkeit als Grundlage für die Chancengleichheit auf Führungspositionen evaluiert.

Das Ehegattensplitting, das seit dem Jahr 1958 in Deutschland möglich ist, bietet für Ehepaare die Option, sich gemeinsam veranlagen zu lassen. Das bedeutet genauer, dass eine gemeinsame Steuererklärung abgegeben wird. Dadurch wird das Paar als ein Steuerzahler gesehen. Die Jahreseinkommen werden daher aufsummiert, danach halbiert. Auf diesen Betrag wird danach die Einkommenssteuer berechnet und dann wiederrum verdoppelt. Durch die Steuerprogression entsteht ein sogenannter „Splittingvorteil" gegenüber unverheirateten Paaren mit gleichem Haushaltseinkommen. Das Ehegattensplitting bringt vor allem Vorteile für Ehepaare, bei denen zwischen beiden ein großes Einkommensgefälle besteht (Vereinigte Lohnsteuerhilfe e.V., 2019).

Da Männer in Führungspositionen überrepräsentiert sind und gegenüber Frauen in gleichen Positionen oftmals besser verdienen (Krell et al., 2012, S. 140), schafft das Ehegattensplitting einen Anreiz die weibliche Erwerbsbeteiligung zu senken. Zwar wirkt das Ehegattensplitting nicht direkt chancenmindernd auf die Möglichkeit, dass eine Frau eine Führungsposition erlangt, allerdings wirkt die niedrigere Erwerbsbeteiligung auch indirekt auf die Unterrepräsentanz ein, da dadurch Frauen von vornherein die Möglichkeit zum Aufstieg genommen wird (Kaup, 2015, S. 54).

4.3 Unternehmensbedingte Gründe

Die dritte Ebene, auf der Gründe für die Unterrepräsentanz von Frauen in Führungsgremien und Aufsichtsräten gefunden werden können, ist im Unternehmen angesiedelt. Diese Probleme dürfen aber nicht allein auf der Topmanagementebene gesucht werden, sondern auch unter den Arbeitnehmern, die beispielsweise zu einem Großteil die Unternehmenskultur mitprägen.

4.3.1 Auswirkung gesellschaftlicher Vorurteile auf die Unternehmenskultur

In einer Vielzahl von wissenschaftlichen Arbeiten können Definitionsansätze für „Unternehmenskultur" gefunden werden. Diese unterscheiden sich jedoch inhaltlich. Daher ist es hier schwierig eine universell gültige Definition zu geben. Fichtner (2008, 11ff) dagegen sucht Gemeinsamkeiten der verschiedenen vorhandenen Definitionen und filtert daraus zwei Möglichkeiten von Kulturauffassung. Die erste Auffassung beschreibt die Kultur als eine „beobachtbare Realität, die z.B. im Handeln sichtbar ist" und die zweite als „fokussiert auf die Ursachen der Handlungen und versucht, die dahinter liegenden Werte, Normen und Einstellungen zu beschreiben" (Fichtner, 2008, S. 13).

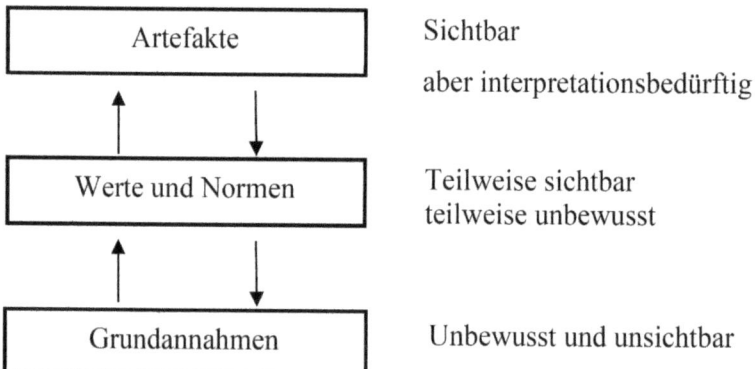

Abbildung 10: Modell der Unternehmenskultur nach Schein
(Franzke & Wien, 2014, S. 30)

Edgar Schein hingegen untergliedert die Unternehmenskultur in drei Teile: die Grundannahmen, Werte und Normen und Artefakte. Diese drei Bestandteile sind aber keineswegs alleinstehend, sondern stehen in enger Beziehung zueinander, wie auch die Pfeile in Abbildung 10 zeigen.

Die Grundannahmen bilden das Fundament nach dem Modell von Schein. Sie treten im Alltag als Orientierungs- und Verhaltensmuster auf. Sie sind zwar nicht direkt sichtbar, beeinflussen jedoch das Handeln und die Weltanschauung eines jeden Individuums innerhalb einer Kultur. Darüber hinaus werden diese sozialen Grundnormen nicht direkt reflektiert oder in Frage gestellt, da sie die Menschen unbewusst in ihrem Handeln beeinflussen. Da die Grundannahmen als normal empfunden werden, scheint ein Nachdenken darüber als nicht erforderlich. Sie beeinflussen vor allem unsere Beziehung zur Umwelt, menschliches und zwischenmenschliches Handeln ebenso wie unser Verständnis von Wahrheit und Zeit. Die Grundannahmen können als Verteidigungsmechanismus jeglicher Art gesehen werden (Franzke & Wien, 2014, S. 29).

Werte und Normen umfassen Verhaltensstandards, -richtlinien, Verbote oder Gebote und werden im Allgemeinen von den Angehörigen einer Kultur akzeptiert und gelebt. Werte und Normen können die Führungsleitlinien bilden. Allerdings werden sie oft von externen Unternehmensberatern erarbeitet und werden zu idealisiert dargestellt, sodass sie nicht mehr die Unternehmenskultur widerspiegeln und es daher an Akzeptanz fehlt (Franzke & Wien, 2014, S. 30).

Die dritte Stufe, die die Artefakte beinhaltet, entwickelt sich aus den Werten und Normen. Für eine bewusste und schnellere Verinnerlichung der Kultur werden Symbole und Zeichen herangezogen. Somit ist ein sichtbarer Charakter der Kultur vorhanden und kann bei Nichtbeachtung der Werte und Normen mahnend wirken (Franzke & Wien, 2014, S. 31).

Folglich beeinflusst die Unternehmenskultur nicht nur das Denken, sondern auch das Handeln der einzelnen Individuen innerhalb des Unternehmens, was sich auf die Aufstiegschancen von Frauen in Unternehmen auswirken kann (Kaup, 2015, S. 78).

Den Bezug dieser Einflüsse auf die Aufstiegschancen haben Hochfeld, Gertje, Kaiser und Schraudner (2012) genauer untersucht. Dabei konnten sie vier idealtypische Kulturmuster erarbeiten. Diese Muster müssen nicht zwangsläufig der Realität entsprechen, sondern sind eher als eine zugespitzte Form der häufigsten Charakteristika der empirischen Wirklichkeit zu verstehen (Gertje et al., 2012, S. 43). Die verschiedenen Muster wirken sich vor allem in zwei verschiedenen Ausprägungen frauenhemmend aus: durch Stereotype, Rollenbilder und Vorurteile und durch eine zu geringe Beachtung der individuellen Lebensphasen und -pläne (Kaup, 2015, S. 78). Im Folgenden werden diese vier idealtypischen Muster benannt, charakterisiert und ihre Zusammenhänge mit frauenhemmender Unternehmenskultur aufgezeigt.

Offene Hochleistungskultur	Dynamik Flexibilität Wertschätzung neuer und heterogener Perspektiven Hohe Anforderungen an das Zeitmanagement der Führungskräfte
Konformistische Formalkultur	Formelle und informelle Unternehmensregeln Ausgeprägte Hierarchien und ein hohes Maß an Bürokratie Unternehmenskultur und Führungsbild insgesamt sehr homogen
Konservative Ausschlusskultur	Traditionalismus, Konservatismus und historisch geprägte Unternehmenswerte Klassische Rollenbilder Geschlossene, nicht durchlässige Unternehmenskultur Nicht zugängliche Männerbünde und -netzwerke
Veränderungsorientierte Bewahrungskultur	Spannungsverhältnis zwischen Innovations- und Veränderungsorientierung sowie konservativ-hierarchischen Strukturen und Werten

Tabelle 1: Kulturmuster und deren Charakteristika
(Gertje et al., 2012, 43ff; Kaup, 2015, S. 78)

Unternehmen, die eine offene Hochleistungskultur aufweisen stehen Frauen per se offen gegenüber. Die Forderung nach langen Arbeitszeiten und darüber hinaus Überstunden benachteiligt Frauen jedoch indirekt dahingehend, dass eine geringe Akzeptanz für Teilzeitarbeit und berufliche Auszeiten vorherrscht, um beispielsweise Fürsorgepflichten nachzugehen (Gertje et al., 2012, 45ff). Eine noch geringere Beachtung der individuellen Lebensphase ist innerhalb der konformistischen Formalkultur zu finden. Hier sind Karrierewege klar strukturiert und müssen in bestimmten Schritten, deren Reihenfolge vorgegeben ist, ablaufen. Wird nur einmal lebensphasen- oder auch familienbedingt eine Beförderung abgelehnt, so wird man bei folgenden Besetzungen von Führungspositionen meist nicht mehr beachtet, da einem durch die Ablehnung grundsätzlich der Karrierewille abgesprochen wird. Zudem werden Frauen in dieser Kultur, die stark von Männern dominiert wird, als andersartig und unpassend angesehen, was ebenfalls den Aufstieg erschwert (Gertje et al., 2012, S. 47–50). Die konservative Ausschlusskultur hingegen lehnt Frauen strikt aufgrund ihres Geschlechts ab. Sie ist geprägt von Traditionalismus und Konservatismus. Die größtenteils männlichen Entscheider lehnen Frauen nicht aufgrund von fehlendem Karrierewillen oder fehlender Kompetenzen ab, sondern schlichtweg aufgrund ihres Geschlechts und der – für sie – bewährten Rollenbilder (Gertje et al., 2012, 50ff). Die veränderungsorientierte Bewahrungskultur ist vor allem durch ihre Ambivalenz zwischen verändernden und bewahrenden Kräften gekennzeichnet. Die Veränderungen gehen meist von der obersten Managementebene aus und werden von den Führungskräften im mittleren Management, die noch vermehrt männlich sind, ausgebremst, da diese befürchten durch frauenfördernde Maßnahmen bei Beförderungen vernachlässigt zu werden (Gertje et al., 2012, 53ff). Die Untersuchung von Hochfeld, Gertje, Kaiser und Schraudner (2012) konnte zeigen, dass durch Rollenbilder, Vorurteile und Stereotype in Verbindung mit der Nichtbeachtung von individuellen Lebensphasen bestimmte Unternehmenskulturen entstanden sind, die in vielen Unternehmen – stärker oder schwächer ausgeprägt – aufzufinden sind. Dadurch wird Frauen oft ein Defizit an Führungs- und Karrierewillen unterstellt, wodurch sie bei Beförderungen und Einstellungen benachteiligt werden (Kaup, 2015, S. 79).

4.3.2 Stereotypgeleitete Leistungsbeurteilung als Benachteiligung von Frauen in Auswahlprozessen

In vielen Unternehmens ist es noch die Regel, dass Auswahlprozesse nach teilstandardisierten oder freien Prozessen erfolgen. Dadurch wird eine objektive und stereotypenunabhängige Beurteilung der Bewerber nahezu unmöglich. Dass Stereotype, Rollenbilder und Vorurteile die Einschätzung von Potenzialen in Bezug auf das Geschlecht beeinflussen kann, wurde bereits aufgezeigt. So zeigen Krell, Ortlieb und Sieben (2011) drei verschiedene, mögliche Beurteilungsfehler beziehungsweise -verzerrungen auf:

- *Similar-to-me-Effekt:* Personen, die dem Bewerter ähnlicher sind, werden besser beurteilt. Hieraus ergibt sich im Bewerbungsprozess eine Bevorzugung von Bewerbern, die dem Bewerter ähneln. Da die Bewerter meist männlich sind, entsteht eine Diskriminierung weiblicher Bewerber (Krell et al., 2011, S. 267).

- Der *Hierarchie-Effekt* kann ebenfalls zur Diskriminierung von Frauen beitragen. Durch ihn werden Personen einer höheren Hierarchieebene grundsätzlich besser bewertet. Da diese Positionen überwiegend von Männern besetzt werden, wirkt sich der Effekt negativ auf die Bewertung der Frauen aus (Krell et al., 2011, S. 267).

- Der *Kleber-Effekt* bewirkt, dass Menschen, die länger nicht mehr befördert wurden, schlechter bewertet werden. Dies kann dazu führen, dass die Chancen von Frauen, die beispielsweise aus familiären Gründen eine Berufsunterbrechung eingelegt haben und dadurch länger nicht mehr befördert wurden, immer weiter sinken. Sie befinden sich dadurch in einem Teufelskreis (Krell et al., 2011, S. 267).

4.4 Gesamtbetrachtung der Gründe

Wichtig ist aber, dass die drei verschiedenen Ebenen (personenbedingt, soziokulturell und unternehmensbedingt) nicht einzeln betrachtet werden dürfen. Vielmehr müssen die Interdependenzen zwischen den einzelnen Faktoren erkannt werden. Die Unternehmenskultur wird von Stereotypen und Rollenbildern geprägt, welche wiederum durch gewisse familienpolitische Maßnahmen aufrechterhalten werden. Letztendlich lässt sich nach dieser Betrachtung der verschiedenen Ebenen sagen, dass eine geschlechtsneutrale Beurteilung zur Erlangung einer Führungsposition derzeit nicht gegeben ist. Im nächsten Punkt werden Lösungsvorschläge zur Erhöhung der Anteile von Frauen in Aufsichtsrats- und Führungsgremien erarbeitet.

5 Möglichkeiten zur Erhöhung des Frauenanteils in Unternehmensführungen und Aufsichtsräten

Wie bereits vorher beschrieben herrscht sowohl im privaten als auch im soziokulturellen und im Unternehmensumfeld noch immer eine Benachteiligung der Frau vor. Eine der Möglichkeiten zur Steigerung des Frauenanteils in Unternehmensführungen und Aufsichtsräten stellt die gesetzliche Frauenquote dar. Diese wird im Gliederungspunkt 6 näher betrachtet. Doch zuerst sollen unter diesem Punkt Möglichkeiten aufgezeigt werden, die neben der Frauenquote die Anteile der Frauen in den Führungs- und Aufsichtsratsgremien steigern sollen. Diese können durch drei verschiedene Akteure umgesetzt werden: Unternehmen, unternehmensexterne Institutionen und durch die Politik.

5.1 Instrumente der Unternehmen

Um den Frauenanteil in Unternehmen zu erhöhen, ist es unausweichlich, zuerst den Status Quo festzustellen. Hierzu zählt nicht nur die Frauenquote im Aufsichtsrat und dem Vorstand, sondern auch in den darunterliegenden Managementebenen und der allgemeine Frauenanteil innerhalb der Belegschaft. Außerdem sollten Altersstrukturen, Wiederbesetzungsquoten, Fluktuationsquoten, Bewerberzahlen, Talentpools, Ausbildungswege, Gehaltsgefüge, Weiterbildungsumfang, Beförderungen, Rückkehrraten nach der Schwangerschaft und Teilzeitinanspruchnahme erhoben werden, denn all diese Faktoren können sich unternehmensseitig auf die erfolgreiche bzw. nicht erfolgreiche Implementation einer Frauenquote auswirken. Danach müssen geeignete Maßnahmen gefunden werden. Diese Maßnahmen können unterteilt werden in Rekrutierungs-, Qualifizierungs- und Strukturierungsmaßnahmen, wobei diese aber Interdependenzen untereinander aufweisen können (Wittenberg, 2016, 186f).

5.1.1 Rekrutierungsmaßnahmen

Ein ausgeglichenes Geschlechterverhältnis kann nur erreicht werden, wenn Frauen beim Rekrutierungsprozess auch ausreichend beachtet werden. Arbeiten zu wenige Frauen in einem Unternehmen, so können Quoten nur durch die Einstellung externer Führungskräfte erreicht werden. Dies kann beispielsweise durch den Einsatz von Headhuntern erfolgen. Außerdem können Frauen in Stellenanzeigen explizit aufgefordert werden, sich zu bewerben. Eine dritte Möglichkeit wären marketingpolitische Maßnahmen, die dem Unternehmen nach außen ein frauenfreundliches Image verleihen. Das größere Problem beim Rekrutierungsprozess ist jedoch die Subjektivität beim Entscheidungsprozess (s. Punkt 4.3.2.) (Wittenberg, 2016, S. 190). Um dieses Problem zu überwinden, sollten geschlechtsneutrale und objektive Anforderungsanalysen erstellt werden (Krell et al., 2011).

Doch nicht nur die Einstellung von qualifizierten Beschäftigten wirkt auf Frauen diskriminierend ein. Weitaus größer ist oftmals das Diskriminierungspotenzial bei der Beförderung zur Führungskraft. Hier sehen Frauen drei Hürden vor sich: die Aufnahme in den Führungskräftetalentepool, die Beförderung zur Führungskraft und letztendlich der Aufstieg auf der Karriereleiter (Wittenberg, 2016, S. 191). Je wichtiger die Führungsaufgabe ist, desto wichtiger wird es auch für die Frauen, als „passend" empfunden zu werden, um erfolgreich beurteilt zu werden (i.S.v. befördert werden) (Gertje et al., 2012, S. 47–50). Doch da meist Männer die wichtigen Entscheidungen in Unternehmen treffen, ist es auch leichter für sie aufzusteigen (s. 4.3.2.). Daher sind die Unternehmen gefordert, die Bewertungsprozesse transparent, objektiv und für Dritte nachvollziehbar zu machen (Krell et al., 2011, S. 268). Krell (2011) schlägt zudem noch vor, dass ein Vier-Augen-Prinzip bei der Bewertung die Gefahr von Diskriminierung enorm senken könne.

Doch auch wenn die berufliche Laufbahn einmal beispielsweise aufgrund von Kindern unterbrochen wird, müssen Unternehmen sich dafür einsetzen, dass ihnen Potenzialträgerinnen erhalten bleiben. Daher ist ein strukturiertes Rückkehrprogramm für Unternehmen mit sehr vielen Vorteilen behaftet. Diese Programme können verschiedenste Bestandteile beinhalten: Regelmäßige Kontaktaufnahme zwischen dem Unternehmen und der ausgeschiedenen Frau, Teilhabe am Informationsfluss bezüglich wichtiger Businessentwicklungen, die Möglichkeit zur Teilnahme an Weiterqualifizierungsmaßnahmen während der Abwesenheit, Möglichkeit zur Teilnahme an Karriereberatungen, Übernahme von kleineren Arbeiten auf Projektbasis im Home-Office oder die Rückkehr über Teilzeitstellen (Wittenberg, 2016, 191f). Dadurch kann sichergestellt werden, dass Frauen, die zurückkehren wollen, den Anschluss zum Geschehen im Unternehmen nicht verlieren und auch lebensphasenbedingt besser wieder in den Job finden können.

5.1.2 Qualifizierungsmaßnahmen

Ebenso Personalqualifizierungsmaßnahmen dürfen bei der Erhöhung des Frauenanteils in Führungs- und Aufsichtsratsgremien nicht vernachlässigt werden. Dabei muss vor allem dem Zwiespalt zwischen Theorie und Praxis besondere Aufmerksamkeit zukommen. Denn die Herausforderung besteht darin, dass die Anforderungen an Männer und Frauen zwar die gleichen sind, jedoch Männer und Frauen sich teilweise stark in ihrem Denken, Handeln und ihrer Artikulation unterscheiden. Hier setzen nun gendergerechte Qualifizierungsmaßnahmen an (Wittenberg, 2016, S. 192).

In Bezug auf klassische Führungskräftetrainings gäbe es zwei Möglichkeiten, diese auch attraktiver und passender für Frauen zu gestalten. Ein erster Ansatzpunkt wäre es, Trainings teilweise nach Geschlechtern separiert durchzuführen. Hierbei wird am Anfang der Grundstein für das Training gemeinsam gelegt, dann spezifischere Fälle getrennt nach Männern und Frauen erarbeitet und anschließend bei der Zusammenführung der beiden Gruppen genderspezifische Unterschiede den beiden Gruppen bewusst gemacht (Wittenberg, 2016, S. 190). Eine weitere Möglichkeit bieten Trainings, die ausschließlich für und mit Frauen angeboten werden. Dies kann helfen frauenspezifische Anforderungen und Herausforderungen an Managementaufgaben in einem sicheren, rein weiblichen Umfeld zu erarbeiten. Außerdem kann es die Netzwerkbildung unter Frauen stärken (Wittenberg, 2016, S. 193).

Neben den klassischen Trainings kann der verstärkte Zugang von Frauen zu Mentoring-Programmen die Anzahl an weiblichen Führungskräften positiv beeinflussen. Dabei wird einer jungen Potenzialträgerin eine berufserfahrene Person zu Seite gestellt. Dieser Mentor kann seinem Mentee adäquate Handlungsempfehlungen für den beruflichen Alltag bereitstellen oder auch Zugang zu seinen Netzwerken schaffen. Der Mentor kann entweder unternehmensintern oder -extern sein. Vor allem der Aspekt, dass der Mentor dem Mentee Zugang zu seinen Netzwerken schaffen kann, ist entscheidend für viele Frauen, da es für sie sehr schwer sein kann, in den sogenannten Old-Boys-Networks[7] Fuß zu fassen. Mentoring-Programme umfassen meist einen längeren Zeitraum (Monate, bis hin zu mehreren Jahren) und Frauen können daraus zahlreiche Vorteile für sich ziehen. Viele der Teilnehmerinnen entwickeln sich persönlich weiter, was sich vor allem in einem gesteigerten Selbstbewusstsein und in verstärkter Eigeninitiative ausdrückt (Wittenberg, 2016, S. 193).

Einen anderen Ansatz als das Mentoring bietet das Coaching. Dabei leistet der Coach Hilfe zur Selbsthilfe, damit der Coachee seine Ziele selbst erkennt, seine Potenziale dementsprechend entdeckt und seine Bereitschaft darauf hinzuarbeiten, entfacht. Auch in diesem Ansatz steckt viel Potenzial, Frauen gezielt zu fördern. Zum Einstieg wird angenommen, dass die zu coachenden Frauen die notwendigen Voraussetzungen für die Aufgabe als Führungskraft bereits haben und der Coach somit als eine Art Aktivierungshilfe beziehungsweise Katalysator für diese Potenziale fungiert. Damit wird nicht versucht, den Frauen ihre vermeintlichen Schwächen, die sie gegenüber Männern haben sollen, abzutrainieren, sondern diese Andersartigkeit in Stärken umzuwandeln und diese individuell zu fördern (Wittenberg, 2016, 193f).

5.1.3 Strukturmaßnahmen

Strukturmaßnahmen zielen vorrangig auf eine Veränderung innerhalb der Organisation ab, wodurch eine bessere Vereinbarkeit von Arbeit und Familie geschaffen werden soll, was zu einem höheren Beschäftigungsgrad bei Frauen beitragen kann und so auch die Position der Frauen in Führungs- und Aufsichtsratspositionen bestärken soll.

---

[7] Die sog. Old-Boys-Networks sind Netzwerke der Entscheider in Unternehmen, die zum Großteil aus Männern bestehen.

5.1.3.1 Flexible Arbeitszeitmodelle

Eine von zahlreichen Möglichkeiten, um die Vereinbarkeit von Beruf und Familie zu erhöhen, ist die Gewährung von flexiblen Arbeitszeitmodellen. Bei der einfachen Gleitzeit können ArbeitnehmerInnen selbst über den Beginn und das Ende ihrer täglichen Arbeitszeit bestimmen, bei der qualifizierten Gleitzeit[8] darüber hinaus auch über die Länge ihrer täglichen Arbeitszeit. Meist wird die Gleitzeit aber trotzdem in Verbindung mit einer Kernarbeitszeit gewährt. Durch dieses Modell der Arbeitszeitflexibilisierung haben Frauen die Möglichkeit, ihrer Betreuungsaufgabe innerhalb der Familie, die immer noch meist auf die Frauen entfällt, wahrzunehmen und trotzdem einer Erwerbstätigkeit nachzugehen (Wittenberg, 2016, S. 194). Allerdings haben Körner, Puch und Wingerter (2012) in einer Untersuchung des Statistischen Bundesamts festgestellt, dass nur 36% aller Beschäftigten die Möglichkeit haben auf flexible Arbeitszeiten zurückzugreifen.

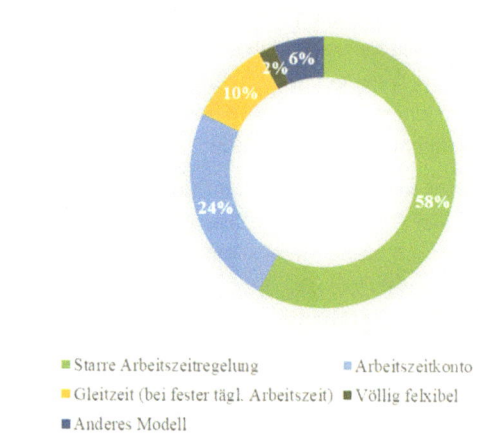

- Starre Arbeitszeitregelung
- Arbeitszeitkonto
- Gleitzeit (bei fester tägl. Arbeitszeit)
- Völlig felxibel
- Anderes Modell

Abbildung 11: Formen flexibler Arbeitszeit[9]
(Körner et al., 2012, S. 31)

Wie man in Abb. 11 sehen kann, profitierten im Jahr 2010 24% der Befragten von der Nutzung eines Arbeitszeitkontos und 10% konnten zumindest über den Beginn und das Ende ihres Arbeitstages bestimmen, mussten sich aber an eine feste tägliche Arbeitszeit halten. Weitere 2% konnten völlig flexibel entscheiden, wann und wie lange sie arbeiten und 6% der Befragten haben mit ihrem Arbeitgeber andere individuelle

---

[8] Die qualifizierte Gleitzeit wird auch Arbeitszeitkonto genannt.
[9] Unterschiede zwischen Männern und Frauen sind nur minimal, daher werden diese nicht näher analysiert.

Vereinbarungen getroffen, die in der Untersuchung nicht näher erläutert werden. Allerdings unterlagen immer noch 58% der Befragten starren Arbeitszeitregelungen, die die Vereinbarkeit von Beruf und Familie immens beeinträchtigen (Körner et al., 2012, S. 30). Aus dieser Untersuchung kann geschlossen werden, dass vor allem bei der Arbeitszeitflexibilisierung in Bezug auf den Beginn und das Ende der täglichen Arbeitszeit noch ein großes Verbesserungspotenzial besteht, um Frauen die Erwerbstätigkeit neben den Fürsorgeanforderungen innerhalb der Familie zu erleichtern.

5.1.3.2 Möglichkeit der Teilzeitführung

Eine weitere Möglichkeit zur Flexibilisierung der Arbeit stellt die Möglichkeit zur Teilzeitführung dar. Dabei kann die Arbeitszeit einer Führungskraft vorübergehend oder dauerhaft reduziert werden. Da dieses Modell noch sehr wenig genutzt bzw. angeboten wird, wurden im IAB Betriebspanel 2014 erstmals ArbeitnehmerInnen befragt, ob es die Möglichkeit in ihrem Unternehmen gibt, eine Führungsposition auf erster oder zweiter Managementebene in Teilzeit auszuüben und wenn dies möglich ist, ob es in Anspruch genommen wird (Kohaut & Möller, 2016, S. 5). Laut den Befragten ist es bislang in 16% der Unternehmen möglich, eine Führungsposition in Teilzeit auszuführen. In 63% der Unternehmen, die ihren MitarbeiterInnen die Gelegenheit bieten, wird es auch tatsächlich in Anspruch genommen (Kohaut & Möller, 2016, S. 5). Wirft man einen Blick auf die Unterschiede zwischen kleinen und größeren Unternehmen, so kann man daraus erkennen, dass die Führung in Teilzeit vor allem in Unternehmen mit über 500 MitarbeiterInnen angeboten wird[10]. Bei sehr kleinen Betrieben mit bis zu neun Mitarbeitern sind es nur 14%, die die Möglichkeit anbieten. Dies liegt vor allem daran, dass es in größeren Betrieben leichter fällt, die Arbeitslast der Führungsposition auf mehrere Schultern zu verteilen und auch häufig Personalabteilungen vorhanden sind, die besondere Konzepte für diese Fälle erarbeiten können (Kohaut & Möller, 2016, S. 6). Jedoch wird in kleineren Unternehmen die Möglichkeit viel häufiger in die Realität umgesetzt und die Führungsposition dann tatsächlich auch in Teilzeit ausgeübt (Kohaut & Möller, 2016, S. 6). Dies kann daran liegen, dass Führungskräften in großen Unternehmen, die eine Teilzeitstelle innehaben, der Ehrgeiz abgesprochen wird und allgemein noch sehr große Vorbehalte gegen dieses Modell bestehen. Darüber hinaus besteht natürlich erhöhter Organisations- und Kommunikationsaufwand, wenn sich bspw. zwei Teilzeitführungskräfte eine Position teilen und Vertreterregelungen müssen akkurat geplant werden (Wittenberg, 2016, S. 195). Dementsprechend ist es zwar mit einigen Schwierigkeiten verbunden, eine solche Stelle einzurichten und auch in der Durchführung mit einigen Herausforderungen verbunden, aber trotzdem stellt dieses

---

[10] 37% der Unternehmen mit über 500 MitarbeiterInnen bieten Teilzeitführungspositionen an.

Modell eine weitere attraktive Möglichkeit dar, Frauen in Führungspositionen – angepasst an ihre jeweilige Lebensphasen – zu fördern.

5.1.3.3 Betriebliche Kindertagesstätten und Betreuungszuschüsse

Doch nicht immer kann mit der Nutzung von Teilzeit- und Gleitzeitarbeitsmodelle die gewünschte Vereinbarkeit von Familie und Beruf erreicht werden. Dies ist jedoch unerlässlich für MitarbeiterInnen mit Kindern. Nicht jeder von ihnen hat die Möglichkeit, seine Kindern während der Arbeitszeit in die Obhut von Verwandten zu geben und auch Kindertagesstätten[Kita]-Plätze sind vielerorts in Deutschland rar[11] (Geis-Thöne, 2017). Um Ausfallzeiten von MitarbeiterInnen zu vermeiden und den Wiedereinstieg in den Job zu erleichtern, ist die Einrichtung einer betrieblichen Kindertagesstätte oder andere betrieblich bezuschusste Betreuungsmodelle nicht nur ein großer Vorteil für die MitarbeiterInnen mit Kindern, sondern kann sich darüber hinaus positiv auf das Image des Unternehmens auswirken und es somit attraktiver für potenzielle BewerberInnen machen (Bmfsfj & Deutscher Industrie- und Handelskammertag [DIHK], 2006, S. 5). Doch diesen Vorteilen der betrieblichen Kinderbetreuung stehen enorme Kosten gegenüber, die auf das Unternehmen dadurch zukommen. So kostet bspw. eine Kindertagesstätte in Dresden, die von 7 bis 18 Uhr geöffnet ist und vier ErzieherInnen in Vollzeit beschäftigt, die 26 Kinder von 0 bis 6 Jahren betreuen, einem Unternehmen jährlich ca. 200.000 Euro. Zwar kann ein Großteil der Kosten durch Elternbeiträge, kommunale und landeseigene Fördermittel gedeckt werden, allerdings wird am Ende des Jahres trotzdem eine Deckungslücke von gut 20.000 Euro zu verzeichnen sein (Bmfsfj & DIHK, 2006, 23f). Summen dieser Größenordnung verursachen vermutlich für größere Unternehmen kein Problem, jedoch ist es zweifelhaft, dass in diesen Fällen 26 Kita-Plätze ausreichend sind. Für kleinere Unternehmen können 20.000 Euro eine enorme Summe darstellen. In den Fällen, in denen es nicht möglich oder sinnvoll ist, eine betriebliche Kindertagesstätte einzurichten, schlagen Schmike und Thiller (2013) die Einrichtung von Eltern-Kind-Arbeitsplätzen, die Finanzierung von Belegplätzen in anderen Kitas oder die Bezuschussung von Tagesmüttern und -vätern vor. Allgemein bleibt jedoch zu sagen, dass ein Mangel an Betreuungsplätzen besteht und dadurch die Vereinbarkeit von Beruf und Familie nicht gewährleistet werden kann. Unternehmen sehen sich hier der Chance gegenüber durch die Bezuschussung oder Übernahme der Betreuungskosten, qualifizierte MitarbeiterInnen an sich zu binden und auch extern ihr Image positiv zu beeinflussen. Positive Beispiele aus der Wirtschaft liefern hierfür beispielsweise Danone, Siemens, Bayer und viele weitere namhafte Unternehmen (Schmike & Thiller, 2013, S. 36–45).

---

[11] Laut Institut der deutschen Wirtschaft fehlten in Deutschland im Jahr 2015 rund 290.000 Kitaplätze.

5.2 Instrumente unternehmensexterner Institutionen

Doch nicht nur Unternehmen können zur Erhöhung der Frauen in Führungspositionen und Aufsichtsräten beitragen. Auch einige unternehmensexterne Institutionen haben es sich zur Aufgabe gemacht, Frauen gezielt zu fördern und zur beruflichen Gleichstellung von Männern und Frauen hinzuarbeiten.

Vor allem regionale Industrie- und Handelskammern fördern Frauen mit Aufstiegsambitionen in erster Linie durch Mentoring- und Coaching-Programme, aber auch durch Networking-Veranstaltungen. Im Fokus des DIHK als Dachverband der regionalen Industrie- und Handelskammern steht das Ausschöpfen des größtenteils ungenutzten weiblichen Führungspotenzials. Gegen eine gesetzliche Frauenquote hat sich der DIHK jedoch gemeinsam mit der Bundesvereinigung der Deutschen Arbeitgeberverbände [BDA] und dem Bundesverband der Deutschen Industrie [BDI] im Jahr 2014 ausgesprochen (Kaup, 2015, S. 94).

Eine Gruppe hochrangiger Frauen aus Wirtschaft, Politik und Wissenschaft haben im Jahr 2005 die Initiative Frauen in die Aufsichtsräte e.V. [FidAR] ins Leben gerufen. Die Intention dieser Gruppe ist, die Aufmerksamkeit einer breiten Masse auf die Situation der Unterrepräsentanz von Frauen in Führungspositionen zu lenken. Mittlerweile engagieren sich bundesweit über 200 Männer und Frauen ehrenamtlich im Rahmen der Initiative. Das Ziel des Vereins ist es als überparteilicher Ansprechpartner für Anhörungen auf Landes- und Bundesebene sowie den Medien Aufklärungs- und Überzeugungsarbeit anzubieten. Darüber hinaus werden Workshops, Foren und Vorträge zu verschiedensten Themen angeboten. Einen wichtigen Bestandteil stellt zudem die Identifizierung von potenziellen Führungspersönlichkeiten und deren Vernetzung dar. Ein Teil, der von FidAR durchgeführten Aufklärungsarbeit ist der Women-on-Board-Index, der seit 2011 jährlich die Entwicklung und aktuelle Situation weiblich besetzter Top-Management-Positionen der größten deutschen Aktiengesellschaften auflistet. Dadurch gelingt es dem Verein durch öffentlichkeitswirksame Arbeit das Bewusstsein für die Situation von Top-Managerinnen zu verstärken und die Notwendigkeit einer Erhöhung des Frauenanteils in Managementpositionen hervorzuheben (Kaup, 2015, 94f).

5.3 Instrumente der Politik

Neben den Unternehmen und unternehmensexternen Institutionen ist vor allem die Politik in der Pflicht, Maßnahmen zu ergreifen, um die Frauenerwerbstätigkeit zu fördern und damit indirekt zur Erhöhung der Frauenquote beizutragen. Doch auch Maßnahmen zur direkten Förderung von Frauen in Aufsichtsrats- und Führungsgremien sollten von der Politik ergriffen werden.

5.3.1 Familien- und sozialpolitische Maßnahmen mit negativer Auswirkung auf Frauenerwerbstätigkeit

Wie bereits unter Punkt 4.4.2 erläutert, wirkt sich das Ehegatten-Splitting negativ auf die weibliche Erwerbstätigkeit aus. Dies bestätigen auch Bonin et al. (2013) in ihrer Evaluation zentraler ehe- und familienbezogener Leistungen in Deutschland. Darüber hinaus sehen sie weitere Leistungen des Staats als hinderlich für eine Steigerung der Frauenerwerbstätigkeit und Gleichstellung von Männern und Frauen an. Als ebenso unvorteilhaft für die Gleichstellung sehen sie die beitragsfreie Mitversicherung von Verheirateten in der gesetzlichen Kranken- und Pflegeversicherung an, da dadurch meist Frauen in geringfügigen Beschäftigungsverhältnissen gehalten werden, um unterhalb der Grenze des sozialversicherungspflichtigen Einkommens zu bleiben (Bonin et al., 2013). Solche Maßnahmen, die die Erwerbstätigkeit von Frauen drohen herabzusetzen, sollten überarbeitet werden. Zwar ist es wichtig, Familien mit Freibeträgen, Zuschüssen etc. zu unterstützen, um ihre wirtschaftliche Stabilität sicherzustellen, allerdings sollte zu jedem Zeitpunkt gewährleistet sein, dass dies nicht zu Lasten der Gleichstellung von Männern und Frauen geschieht.

5.3.2 Gender Mainstreaming

Der Begriff des Gender Mainstreamings lässt sich ins Deutsche wohl am treffendsten als Geschlechtergerechtigkeit übersetzen. Hinter dem Terminus steckt das Leitbild, dass bei gesellschaftlichen und politischen Maßnahmen stets die unterschiedlichen Auswirkungen auf die Lebenssituation und Interessen von Männern und Frauen – auch in Bezug auf verschiedene Lebensphasen – gleichermaßen und systematisch berücksichtig werden müssen. Das Vorgehen berücksichtigt, dass Männer und Frauen von Gesetzen und Regelungen auf verschiedene Art und Weise betroffen sein können, daher „Gender" und der Ausdruck „Mainstreaming" nimmt Bezug darauf, dass alle Regelungen und nicht nur die, die explizit in einem Gleichstellungskontext stehen, davon betroffen sind (Bmfsfj, 2016).

Der Begriff wurde im Jahr 1995 auf der UN-Weltfrauenkonferenz geprägt. Verpflichtende Vorgaben zur Umsetzung des Gender Mainstreamings ergeben sich sowohl aus dem deutschen als auch dem internationalen Recht:

- **Vertrag über die Arbeitsweise der Europäischen Union:** Erstmals wurde der Ansatz zum Gendermainstreaming im Vertrag von Amsterdam (1999) festgeschrieben. Die Verpflichtung zur Durchführung nach den Arbeitsweisen der Europäischen Union folgte im Jahr 2008 durch den Artikel 8 im Vertrag von Lissabon (Bmfsfj, 2016)

- **Grundgesetz:** Auch der deutsche Staat unterliegt durch das Verfassungsgesetz der Verpflichtung eine aktive und wirkungsvolle Gleichstellungspolitik zu verfolgen. Dies manifestiert Artikel 3 des Grundgesetzes. Dieser besagt im Absatz 2 Satz 1, dass Männer und Frauen gleichberechtigt seien. Außerdem wird der Staat ausdrücklich in die Pflicht genommen, „die tatsächliche Durchsetzung der Gleichberechtigung von Frauen und Männern" zu fördern und "auf die Beseitigung bestehender Nachteile" (Art. 3 Abs. 2 Satz 2 GG) hinzuwirken (Bmfsfj, 2016)

- **Bundesgesetze:** Als Leitprinzip für alle Aufgabenbereiche und Dienststellen im Geltungsbereich wurde im Bundesgleichstellungsgesetz [BGleiG] §4 Abs. 1 verankert, dass die Benachteiligung aufgrund des Geschlechts verhindert und beseitig werden muss, sowie die Förderung der Gleichstellung und die Vereinbarkeit von Beruf und Familie als durchgängiges Leitbild dient (Bmfsfj, 2016)

- **Gemeinsame Geschäftsordnung der Bundesministerien:** Bei allen normgebenden, verwaltenden und politischen Maßnahmen der Bundesregierung haben seit der Novellierung der Gemeinsamen Geschäftsordnung der Bundesministerien [GGO] nach §2 GGO alle Ressorts das Gender Mainstreaming als Leitbild zu verfolgen (Bmfsfj, 2016)

- **Politische Vorgaben:** Durch den Kabinettsbeschluss vom 23. Juni 1999 wurden auch politische Vorgaben bzgl. des Gender Mainstreamings festgelegt. So wurde es als Leitprinzip anerkannt, das gefördert werden muss. Dazu wurden zahlreiche Arbeitshilfen erarbeitet, um sämtliche Entscheidungsprozesse wie z.B. für Gesetze und Forschungsprojekte nach dem Prinzip des Gender Mainstreamings durchzuführen (Bmfsfj, 2016)

Das Gender Mainstreaming wirkt sich bis in unseren Alltag aus. Denn immer stärker wird ein Fokus daraufgelegt, gendergerechte Sprache zu verwenden. Dies stößt nicht nur auf Zuspruch, da Gegner behaupten, dass es die deutsche Sprache verfälschen würde und zu umständlich wäre. Doch die adäquate Verwendung einer geschlechtergerechten Sprache ist für die Gleichstellung von Männern und Frauen enorm wichtig. Zwar wird die männliche Form vieler Wörter heutzutage oftmals als neutral angesehen, aber dies war nicht immer der Fall. Noch bis Anfang des 20. Jahrhunderts war es Frauen vorenthalten – egal ob durch Wahlen oder durch die Ausübung von Ämtern – am politischen Geschehen teilzunehmen. Daher waren zu dieser Zeit Ausdrücke wie „der Wähler" oder „der Abgeordnete" wirklich nur männlich konnotiert (Europäische Akademie für Frauen in Politik und Wirtschaft Berlin e.V., 2019). Doch heute werden Frauen durch diese Formulierung oft mitgemeint. Aber wird dies der Gleichstellung wirklich gerecht? Denn Sprache beeinflusst unser Denken. Eine Vielzahl von Untersuchungen hat bereits belegt, dass Menschen bei der Anwendung des generischen Maskulinums diese Darstellung auch nur mit Männern verbinden. Wird hingegen gendergerechte Sprache eingesetzt und somit auch die weibliche Form genannt, werden mit den Darstellungen auch Frauen verbunden (Heise, 2000; Sczesny & Stahlberg, 2001). Doch gendergerechte Sprache beeinflusst nicht nur unser Denken, vielmehr wirkt es sich auch auf unsere Realität aus. Wird beispielsweise nur von Müllmännern oder Hebammen gesprochen, so ziehen möglicherweise weniger Frauen respektive Männer diese tatsächlich Berufsfelder für sich in Betracht (Eichhoff-Cyrus, 2004). Der Bund hat bereits festgelegt, dass sämtliche Rechts- und Verwaltungsvorschriften des Bundes und dienstlicher Schriftverkehr die Gleichberechtigung zur Geltung bringen müssen (Schoenberger, 2016, S. 4), dies gilt jedoch nicht für die private Wirtschaft. Denn warum muss es immer „der Chef" oder „der Manager" sein? Es wäre angebracht im Sinne einer allumfassenden Gleichberechtigung, diese Regelung auch auf die private Wirtschaft und andere Zweige auszuweiten und wir uns auch hier bewusst machen können, dass Führungspositionen nicht rein männlicher Natur sind und es auch „Managerinnen" und „Chefinnen" geben sollte.

6 Die Frauenquote in Deutschland

Im Jahr 2016 ist das Gesetz für die gleichberechtigte Teilhabe von Frauen und Männern an Führungspositionen – auch Frauenquote genannt – in Kraft getreten. Dazu werden im folgenden Abschnitt die Entwicklungen der Frauenanteile in Aufsichtsräte und Vorständen und im Nachgang aufgeteilt nach Dax-Gruppen betrachtet. Dies dient dazu, branchen- oder größenspezifische Unterschiede auszumachen. Darüber hinaus werden Vor- und Nachteile der Frauenquote aufgezeigt, die Frauenanteile der einzelnen Entsendungsinstitutionen von Aufsichtsräten gegenübergestellt, eine eventuelle Ausweitung der Frauenquote kritisch beleuchtet und die Nachteile der Quote evaluiert.

6.1 Aktuelle Daten zur Frauenquote

Die aktuellen Daten zur Frauenquote stammen aus dem Managerinnen-Barometer 2019 des Deutschen Institut für Wirtschaftsforschung Berlin [DIW]. Seit knapp eineinhalb Jahrzenten werden darin die Frauenanteile in Aufsichtsräten und Vorständen der 200 umsatzstärksten deutschen Unternehmen untersucht (Holst & Wrohlich, 2019, S. 20).

6.1.1 Frauen in Vorständen

In den Top 200 umsatzstärksten Unternehmen Deutschlands haben im Jahr 2018 insgesamt 192[12] Unternehmen Angaben zur Zusammensetzung ihrer Vorstandsgremien und Aufsichtsräte abgegeben. Bei den Top 100 lag die Zahl der auskunftsgebenden Unternehmen bei 97. Von den 104 Unternehmen, die mitbestimmt *und* börsennotiert sind, also der starren Quotenregelung von 30% unterliegen, haben alle eine Aussage getätigt, da dies im Gesetz festgelegt ist, dass die Geschlechteraufteilung jährlich berichtet werden muss (Holst & Wrohlich, 2019).

Im Jahr 2018 hatten 33,9% der 192 Unternehmen innerhalb der Top 200 mindestens eine Frau in ihrem Vorstandsgremium. Dies entspricht einer Erhöhung von 2,4 Prozentpunkten zum Jahr 2017. Zum Beginn der Erhebung im Jahr 2006 lag dieser Wert noch bei 4,6%. Es scheint, als hätte sich schon viel verändert und die Quote auch Auswirkungen auf die Vorstandsgremien, die nicht direkt von ihr betroffen sind, mit sich bringe. Wirft man aber einen Blick darauf, wie viele der Vorstandsitze tatsächlich auf Frauen entfallen, kann man erkennen, dass dies nur ein Trugbild abgibt: Denn nur 9% aller Vorstandssitze (887 Sitze im Jahr 2018) entfallen auf Frauen. Zwar kann man eine Erhöhung um 7,8 Prozentpunkte seit dem Jahr 2006 und um 0,9 Prozentpunkte

---

[12] Da sich die Zahl der Unternehmen, die eine Aussage über die Geschlechteraufteilung in ihren Gremien abgibt, von Jahr zu Jahr verändert, werden in der Arbeit vorwiegend prozentuale Werte einbezogen.

seit letztem Jahr sehen, dennoch muss sich eingestanden werden, dass diese Entwicklung eher schleppend vorangeht (Holst & Wrohlich, 2019, S. 21).

Ähnliches ist in den voll mitbestimmten *und* börsennotierten Unternehmen zu erkennen. Seit der Einführung der Quote im Jahr 2016 ist der Anteil von Unternehmen mit Frauen in den Vorständen von 24,5% auf 32,7% angestiegen. Die Sitze, die Frauen belegen, befinden sich jedoch noch jenseits der 10%-Marke bei 8,5% und sind in den letzten zwei Jahren lediglich um 2 Prozentpunkte gestiegen (Holst & Wrohlich, 2019, S. 23).

Ein geringfügig besseres Bild zeichnet sich unter den Top 100 Unternehmen ab. Hier hatte 2006 nur 1% der Unternehmen eine Frau in ihrem Vorstand. Mittlerweile sind es 42,3% mit einem Anstieg um 3,5 Prozentpunkten seit dem letzten Jahr. Auch bei den Sitzen, die auf Frauen fallen geht hier der Fortschritt etwas schneller vonstatten. Im Jahr 2006 entfielen indes 0,2% aller Sitze auf Frauen, wohingegen nach einer Steigerung um 2,4 Prozentpunkte zum Vorjahr im Jahr 2018 erstmals die 10-Prozent-Marke erreicht wurde (Holst & Wrohlich, 2019, S. 21).

Dagegen zeigt sich bei den Frauen, die einen Vorstandsvorsitz innehaben ein etwas anderes Bild. Unter den Top-100-Unternhemen entfällt nur ein einziger Sitz auf eine Frau, was auf Grundlage der 97 berichtenden Unternehmen einen Anteil von 1,1% ausmacht. In den früheren Jahren gab es meist keine einzige Frau, die einen Vorsitz innehatte. Die einzige Ausnahme hierfür ist das Jahr 2013, in dem ebenfalls ein Unternehmen eine Frau als Vorstandsvorsitzende hatte (Holst & Wrohlich, 2019, S. 21). Unter den voll mitbestimmten *und* börsennotierten Unternehmen sind es ebenfalls lediglich 1,9% (2 Vorstandsvorsitze von 104), die durch Frauen besetzt werden. Dies entspricht sogar einer Verschlechterung von einem Prozentpunkt zum Vorjahr, da in diesem Jahr 3 von 104 Vorstandsvorsitzen durch Frauen belegt waren (Holst & Wrohlich, 2019, S. 23). Ein etwas erfreulicheres, aber noch lange nicht zufriedenstellendes Bild zeichnet sich bei den Top-200-Unternehmen ab. Hier haben 171 Unternehmen einen Bericht über den Vorstandsvorsitz abgegeben. Von diesen 171 Unternehmen, hatten sieben eine Frau als Vorstandvorsitzende, was 4,1% entspricht. Diese Zahl scheint – bis auf eine Abnahme im Jahr 2015 um 0,4 Prozentpunkte – kontinuierlich zu steigen (Holst & Wrohlich, 2019, S. 21).

6.1.2 Frauen in Aufsichtsräten

Die Anteile der Frauen in Aufsichtsräten sind um einiges höher als die der Frauen in Vorstandsgremien. Jedoch waren sie das auch schon zu Beginn der Erhebungen. Über die Zusammensetzung ihrer Aufsichtsratsgremien berichten in den Top-200- bzw. Top-100-Unternehmen allerdings weitaus weniger Unternehmen als über die Zusammensetzung der Vorstandsgremien. Im Jahr 2018 haben nur 152 von 200 respektive 82 von 100 darüber einen Bericht angefertigt. Analog zu den Zahlen über Vorstandszusammensetzungen müssen die voll mitbestimmten *und* börsennotierten Unternehmen auch die Zusammensetzung ihres Kontrollorgans nachweisen, daher liegen Berichte von allen 104 betroffenen Unternehmen vor (Holst & Wrohlich, 2019).

Im Jahr 2006 lag die Frauenquote in den Top-200-Unternehmen bei 7,8% und konnte bis 2018 auf 27,6% gesteigert werden, was einen Anstieg um 2,3 Prozentpunkte im Vergleich zum Vorjahr mit sich bringt. Insgesamt hatten im Jahr 2018 89,5% der Aufsichtsräte mindestens einen Platz, der durch eine Frau besetzt wurde. Dies bringt einen Rückgang von 2,9 Prozentpunkten zum Vorjahr mit sich. Es ist wahrscheinlich, dass dieser Einbruch daherkommt, dass zwar im Jahr sieben Unternehmen mehr als 2017 einen Bericht über die Zusammensetzung ihres Kontrollorgans vorgelegt hatten, allerdings die absolute Zahl der Aufsichtsräte mit Frauen nicht gleichermaßen gestiegen ist. Genauso wie bei den Vorständen gelten Frauen in Aufsichtsräten auf der Vorsitzendenposition als Ausnahme. Unter den 153 Top-200-Unternehmen, die über ihren Vorsitz des Aufsichtsrats berichtet haben, sind nur fünf Frauen[13], was 3,3% entspricht (Holst & Wrohlich, 2019, S. 21).

Bei den Top-100-Unternehmen sind analoge Entwicklungen zu verzeichnen. Die Aufsichtsratsgremien mit Frauenanteil sind von 95,9% (Stand: 2017) um 2 Prozentpunkte gefallen, was ebenfalls an einer Erhöhung der Zahl der berichtenden Unternehmen von 74 auf 82 liegt, wobei sich die Zahl der Aufsichtsräte mit Frauenanteil lediglich um sechs erhöht hat. Der Ausgangswert zu Beginn der Erhebung betrug 74,7% und ist damit durchwegs geringfügig höher als der in den Top-200-Unternehmen. Auch in den Top-100-Unternehmen werden nur 3 Aufsichtsratsvorsitze von Frauen besetzt, was 3,6% entspricht und eine Steigerung um 2,2 Prozentpunkte zum Vorjahr darstellt (Holst & Wrohlich, 2019, S. 21).

In den voll mitbestimmten *und* börsennotierten Unternehmen, die der starren Quotenregelung unterliegen, wurde die 30%-Quote erstmals im Jahr 2017 knapp erreicht (30,1%) und konnte im Jahr 2018 noch auf 32,8% erhöht werden. Zwar ist damit ein Schritt in die richtige Richtung geschafft, aber auch hier werden Frauen nur sehr selten bei der Wahl zum Vorsitz berücksichtigt. Der Anteil der Frauen lag in den drei Jahren der Erhebung konstant bei 3,8%, was stets vier Frauen waren, die den Vorsitz eines Aufsichtsratsgremiums innehatten (Holst & Wrohlich, 2019, S. 23).

---

[13] Die fünf Frauen, die den Vorsitz des Aufsichtsrats in dieser Unternehmensgruppe innehatten, sind Dr. Elke Simon (Boehringer Ingelheim), Dr. Simone Bagel-Trah (Henkel AG & Co. KGaA), Laura Abasolo García de Baquedano (Telefónica Deutschland Holding AG), Cathrina Claas-Mühlhäuser (Claas KGaA mbH) und Patrycja Klarecka (Orlen Deutschland).

6.1.3 Frauenanteile in Vorstands- und Aufsichtsratsgremien nach DAX-Gruppen

Im Folgenden werden die Unternehmen unterteilt nach den jeweiligen DAX-Gruppen betrachtet. Dadurch soll es möglich sein, branchen- und größenspezifische Unterschiede zu erkennen.

6.1.3.1 Vorstellung der DAX-Gruppen

Auf dem deutschen Markt gibt es verschiedene Aktienindizes. Diese fungieren wie eine Art Ligasystem des Kapitalmarkts und listen die größten deutschen Unternehmen separiert nach verschiedenen Größen wie z.b. Branche, Marktkapitalisierung[14] und Handelsumsatz[15] (Buschmann, 2018).

- **DAX 30:** Der DAX 30 ist der Leitindex an der deutschen Börse. In ihm sind die 30 größten deutschen Unternehmen gelistet. Die Unternehmen, die dort gelistet sind, müssen verschiedene Kriterien erfüllen. Unter anderem müssen sie die größte Marktkapitalisierung und den größten Handelsumsatz aufweisen. Jährlich im September werden Anpassungen des DAX 30 durchgenommen und die Zusammensetzung überprüft (finanzen.net, 2019a).

- **MDAX:** Der Mid-Cap-DAX [MDAX] wurde 1996 eingeführt und enthält die nächstgrößten Unternehmen nach Marktkapitalisierung und Handelsumsatz, die dem DAX 30 nachfolgen. Ursprünglich enthielt der Index 70 Unternehmen, wurde aber 2003 auf 50 Unternehmen verkleinert (finanzen.net, 2019b). Im Jahr 2018 fand eine erneute Anpassung statt, wobei der MDAX wieder auf 60 Unternehmen vergrößert wurde (Buschmann, 2018).

- **SDAX:** Der Small-Cap-DAX [SDAX] folgt hinsichtlich Marktkapitalisierung und Handelsumsatz den Unternehmen des MDAX nach. Er entstand durch die Umstrukturierung der Börsenindizes im Jahr 2003 aus dem SMAX und umfasste seitdem 50 Unternehmen (finanzen.net, 2019c). Im September 2018 wurde er ebenfalls erneut umstrukturiert und beinhaltet nun 70 Unternehmen (Buschmann, 2018).

- **TecDAX:** Der Deutsche Technologieindex [TecDAX] beinhaltet die 30 größten deutschen Technologieunternehmen. Die Einordnung erfolgt analog zu den anderen Indizes nach Marktkapitalisierung und Handelsumsatz (finanzen.net, 2019d). Seit der Umstrukturierung im letzten Jahr können Unternehmen, die im TecDAX gelistet sind, auch – vorausgesetzt sie sind groß genug – in den anderen Indizes gelistet werden. Dies war vorher nicht möglich (Buschmann, 2018).

---

[14] Die Marktkapitalisierung entspricht der Zahl der handelbaren Papiere multipliziert mit Kurs pro Aktie.
[15] Der Handelsumsatz misst, wie oft eine Aktie ge- und verkauft wird.

6.1.3.2 Entwicklung der Frauenanteile in Aufsichtsräten nach DAX-Gruppe

Wie man aus Abbildung 12 erkennen kann, hat der Anteil der Frauen in den Aufsichtsräten der deutschen, börsennotierten Unternehmen relativ konstant zugenommen. Festzustellen ist dabei jedoch, dass der Durchschnitt in den DAX30-Unternehmen stets etwas höher war als in den anderen drei DAX-Gruppen und der Frauenanteil in den Aufsichtsräten des TecDAX vom Jahr 2016 auf das Jahr 2017 sogar mit 23,9% auf 22,4% minimal rückläufig war (Holst & Wrohlich, 2019, S. 23).

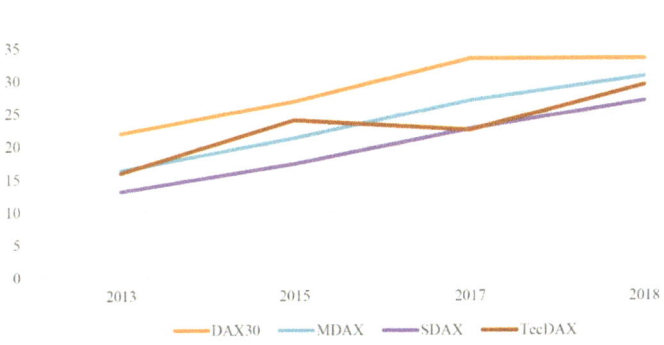

Abbildung 12: Entwicklung der Frauen in Aufsichtsräten unterteilt nach DAX-Gruppen[16]
(Holst & Wrohlich, 2019, S. 23)

Wenn man nun aber einen Blick auf die Vorsitzenden der Aufsichtsräte in den DAX-Gruppen wirft, zeigt sich ein anderes Bild. Hierbei bildet der DAX30, der die höchste Frauenquote aufweisen kann, gemeinsam mit dem MDAX das Schlusslicht mit nur 3,3% Frauen. Dagegen können der SDAX und TecDAX, die im Durchschnitt die 30 Prozentmarke von weiblichen Aufsichtsratsmitgliedern noch nicht überschreiten konnten, 8,6% (SDAX) bzw. sogar 10% (TecDAX) weibliche Aufsichtsratsvorsitzende aufweisen (Holst & Wrohlich, 2019, S. 10).

Fraglich ist zudem noch, ob der DAX30 weiterhin seinen Vorsprung gegenüber den anderen DAX-Gruppen halten kann, da der Frauenanteil unter den weiblichen Aufsichtsratsmitgliedern seit 2017 konstant bei 33,3% geblieben ist und sowohl MDAX, als auch SDAX und TecDAX weitere Steigerungen der Frauenanteile verzeichnen konnten (Holst & Wrohlich, 2019, S. 23).

---

[16] Zur Auswertung wurden die Jahre 2013, 2015, 2017 und 2018 ausgewählt, da diese vier Jahre für alle DAX-Gruppen berichtet wurden.

6.1.3.3 Entwicklung der Frauenanteile in Vorständen nach DAX-Gruppe

Abbildung 13 hingegen zeigt, dass die Entwicklung der Frauenanteile in den Vorstandsgremien eine ganz andere ist. Beinahe alle DAX-Gruppen haben in den letzten Jahren einen Einbruch bei den Frauenanteilen in Vorstandsgremien verzeichnet. Im MDAX und SDAX steigen die Zahlen der Frauen in den Vorständen zwar wieder, allerdings setzt sich im TecDAX der Abwärtstrend konstant fort. Einzig und allein die Entwicklung der DAX30-Unternehmen ist ähnlich derer der Frauenanteile in den Aufsichtsräten. Aber ebenfalls wie die Entwicklung in den Aufsichtsräten, ist die Erhöhung der Frauenanteile in den Vorständen der DAX30-Unternehmen enorm abgeflacht (Holst & Wrohlich, 2019, S. 23).

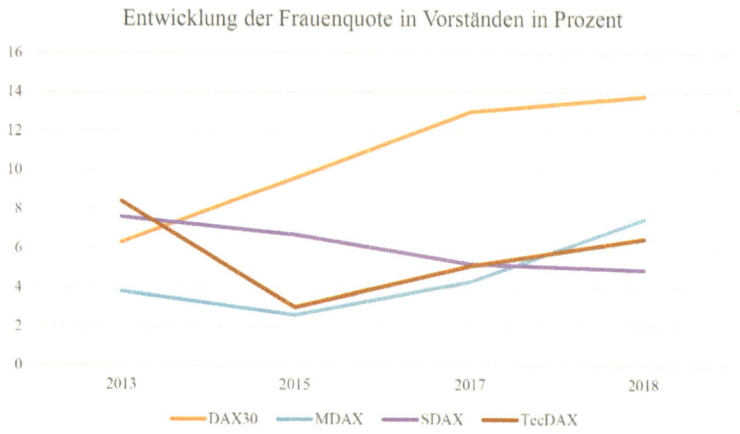

Abbildung 13: Entwicklung der Frauenanteile in den Vorständen unterteilt nach DAX-Gruppen
(Holst & Wrohlich, 2019, S. 23)

Betrachtet man daraufhin aber die Zahl der weiblichen Vorstandvorsitzenden, zeigt sich ein anderes Bild, vor allem in Bezug auf die DAX30-Unternehmen. Haben sie doch den größten durchschnittlichen Anteil an Frauen in den Vorstandsgremien, gab es seit dem Jahr 2008 keine einzige weibliche Vorstandsvorsitzende in dieser DAX-Gruppe. Der gleiche Sachverhalt ist aktuell auch im MDAX und TecDAX zu beobachten, allerdings gab es hier schon einmal weibliche Vorstandsvorsitzende. Dagegen sitzt in vier[17] SDAX-Unternehmen eine Frau an der Spitze des Vorstands, was einen Anteil von

---

[17] Insgesamt haben 65 SDAX-Unternehmen einen Bericht über die Geschlechterverteilung in ihrem Vorstand abgegeben.

6,2% ausmacht, obwohl diese DAX-Gruppe die niedrigste Frauenquote in ihren Vorstandsgremien aufweist (Holst & Wrohlich, 2019, S. 23).

6.1.4 Beurteilung der indexspezifischen Entwicklungen

Zu allererst sticht aus den vorhergehenden Betrachtungen ins Auge, dass die DAX30-Unternehmen sowohl in ihren Vorständen als auch in den Aufsichtsräten ein hohes Niveau der Frauenanteilen aufweisen. Dies kann möglicherweise darauf zurückgeführt werden, dass darin viele der größten deutschen Unternehmen vertreten sind und daher auf ihnen ein besonderer öffentlicher Druck lastet, welcher sie dazu bewegt, die Quotenanforderungen und auch darüberhinausgehende Anforderungen zu erfüllen. Allgemein lässt sich sagen, dass aufgrund der verschiedenen Entwicklungen innerhalb der einzelnen DAX-Gruppen in Bezug auf Vorstände und Aufsichtsräte auf jeden Fall indexspezifische Unterschiede bestehen. Was die Gründe hierfür sind und ob es durch größen- oder branchenspezifische Besonderheiten begründet ist, sollte daher in weiteren Betrachtungen analysiert werden.

6.2 Mögliche Erweiterung der Frauenquote

Setzt man sich nun mit den Entwicklungen in den Bereichen auseinander, die noch keiner starren Quote unterliegen, wirft sich die Fragen auf, ob es sinnvoll wäre, die Frauenquote zu erweitern. Dazu ist es wichtig, einen Blick auf die Zielvorgaben zu werfen und auch ihre Erfüllung zu evaluieren. Dafür werden im Folgenden 186 Unternehmen, die Zielvorgaben treffen sollten, auf die Ziele, die sie sich auf Vorstandsebene selbst gesteckt haben, analysiert.

6.2.1 Definierte Zielgrößen für Vorstände

Für diese Auswertung wurden explizit nur die Vorgaben für Vorstände ausgewählt. Dies ist darin begründet, dass in den 186 Unternehmen auch jene 104 enthalten sind, die bereits der starren 30%-Quote für Aufsichtsräte unterliegen. Um die tatsächlichen Bestrebungen der Unternehmen, den Frauenanteil in ihren Gremien zu erhöhen, erkennen zu können, werden daher ausschließlich die Vorstände näher inspiziert, da diese nur der den verbindlichen Zielvorgaben unterliegen.

Wie in Abbildung 14 zu sehen ist, haben sich nur 28 der 186 Unternehmen keine Ziele für die Frauenanteile in ihren Vorständen gesteckt. Dementsprechend lagen von 84,9% der Unternehmen Zielvorgaben vor (FidAR e.V., 2018, S. 33).

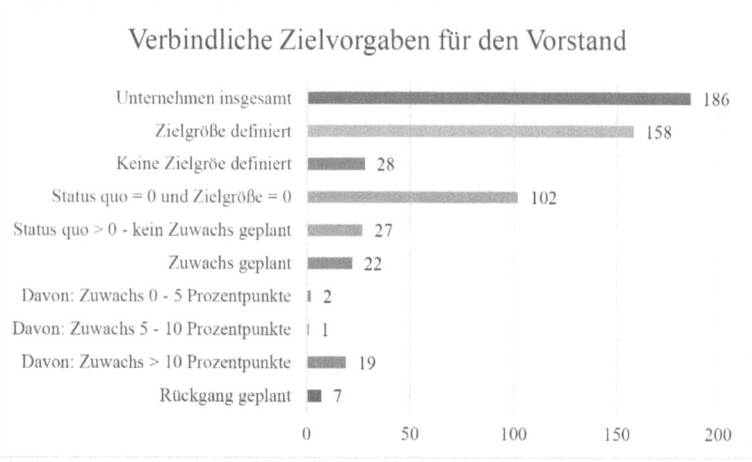

Abbildung 14: Zielvorgaben in Bezug auf die Frauenquote in Vorständen (FidAR e.V., 2018, S. 33)

Jedoch hatten 102 der 158 Unternehmen zum Stichtag keine Frau in ihrem Vorstand und haben sich auch als Ziel gesetzt, diese Zahl nicht zu erhöhen (FidAR e.V., 2018, S. 33). Dies ist möglich, da die Anforderung an die Zielsetzungen besagt, dass mindestens der Status Quo erreicht werden muss (Schlichtmann, 2015, S. 12). Ist der Status Quo gleich null, müssen dementsprechend auch die Ziele nicht höhergesteckt werden. Analog zu dieser Regelung haben sich 27 Unternehmen, die bereits Frauen in ihrem Vorstandsgremium haben, dazu entschieden, diese Zahl nicht weiter zu erhöhen. Unter den 22 Unternehmen, die einen Zuwachs geplant haben, hatte sich der Großteil – nämlich 19 – ambitionierte Ziele gesetzt: Sie wollen den Frauenanteil um mindestens 10% erhöhen. Zwei Unternehmen haben die Intention, 0-5% mehr Frauen in die Unternehmensleitung aufzunehmen und ein weiteres 5-10%. Sieben Firmen haben gar einen Rückgang eingeplant (FidAR e.V., 2018, S. 33). Diese Zielvorgabe wird dadurch ermöglicht, dass der Status Quo nur gehalten werden muss, falls noch kein Frauenanteil von 30% erreicht wurde (Schlichtmann, 2015, S. 12). Es ist allerdings wahrscheinlich, dass bei den meisten dieser Unternehmen kein tatsächlicher Rückgang geplant ist, sondern dass sie vielmehr die 30%-Marke als Absicherung zur Einhaltung der gesetzlichen Vorgaben angegeben haben (FidAR e.V., 2018, S. 32).

6.2.2 Evaluation zur Einhaltung der Zielvorgaben

Von den 102 der 158 Unternehmen, die sich null als Zielvorgabe gesetzt hatten, haben 95% diese auch tatsächlich eingehalten und den Vorstand in seinem Zustand als frauenfreies Gremium belassen. Somit haben sieben dieser Firmen ihr Ziel übererfüllt und zumindest eine Frau in den Vorstand berufen. 16 Unternehmen, die mindestens eine Frau in den Vorstand berufen wollten, haben diese Absicht auch in die Tat umgesetzt und 25 Unternehmen dieses Ziel übererfüllt, wohingegen 23 Unternehmen ihre Vorgaben nicht einhalten konnten (FidAR e.V., 2018, S. 37).

Daraus ist zu erkennen, dass verbindliche Zielvorgaben nur sehr eingeschränkt Wirkung zeigen. Auch die Intention, dass eine Nichterfüllung unsanktioniert bleibt, damit ambitionierte Ziele nicht verhindert werden, setzte seine Wirkung in der Realität nicht frei.

6.2.3 Maßnahmenableitung aus der Evaluation der Zielvorgaben

Da – wie im vorherigen Punkt dargelegt – verbindliche Zielvorgaben wenig zielführend in Bezug auf eine Erhöhung der Frauenanteile in betroffenen Gremien sind, scheint es sinnvoll über eine Ausweitung der starren 30%-Quote nachzudenken.

So hat Marion Weckes, Expertin für Unternehmensführung der Hans-Böckler-Stiftung im Jahr 2018, eine zweistufige Ausweitung der Frauenquote gefordert. Der erste Schritt wäre dabei die Erweiterung des Geltungsbereichs auf alle deutschen kapitalmarktorientierten Unternehmen und langfristig auf alle großen Kapitalgesellschaften – unabhängig davon, ob eine Kapitalmarktorientierung vorliegt. Davon wären dann nicht nur knapp über 100 Unternehmen – wie zum jetzigen Zeitpunkt – betroffen, sondern weit über 2000 (Gewerkschaft Erziehung und Wissenschaft, 2018).

Auch die ehemalige Bundesfamilienministerin Barley und der ehemalige Bundesjustizminister Maas der SPD sahen im Jahr 2017 eine Ausweitung der Frauenquote als notwendig an. Über die Forderung von Weckes hinaus, sahen sie eine Erweiterung auf die Vorstands- und Managementebenen als unausweichlich an, da zwar die starre Quote Wirkung zeigte, in den Bereichen, in denen verbindliche Zielvorgaben Anwendung fanden, die gewünschte Wirkung jedoch ausblieb (Menkens, 2017). Bis heute wurden diese Forderungen allerdings nicht in die Tat umgesetzt.

6.3 Frauenanteile seitens Anteilseigner – und ArbeitnehmervertreterInnen

Da die Anteile an Frauen – sowohl, die der Quote als auch der verbindlichen Zielvorgaben – einer Gesamterfüllungspflicht und keiner gesonderten Erfüllungspflicht separiert nach den einzelnen Bänken unterliegen, ist es auch überaus interessant, die jeweiligen Anteile auf Anteilseigner- bzw. ArbeitnehmervertreterInnenseite zu begutachten.

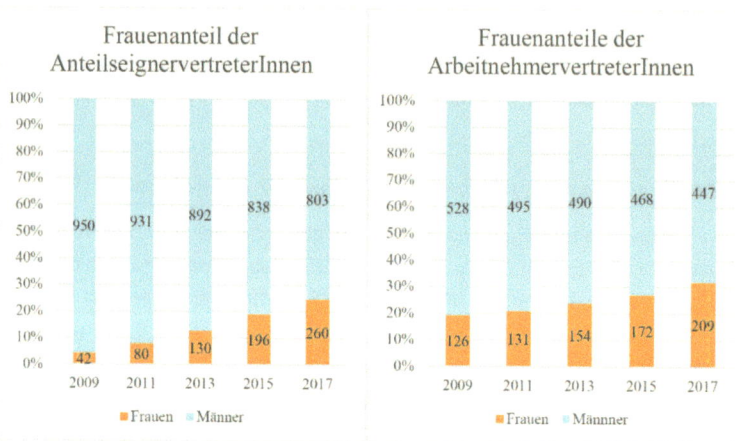

Abbildung 15: Anteile der Frauen auf AnteilseignerInnen- bzw. ArbeitnehmerInnen-Seite in deutschen börsennotierten Unternehmen von 2009-2017
(Hans Böckler Stiftung, 2018)

Die Zahl der Frauen nimmt in den letzten Jahren sowohl auf ArbeitnehmerInnen- als auch auf AnteilseignerInnenseite kontinuierlich zu. Dabei wird der größere Teil der AufsichtsrätInnen von der Anteilseignerseite entsendet: Im Jahr 2017 bedeutete dies, dass von insgesamt 803 von 1250 Männer Anteilseigner waren und auch unter den Frauen sind absolut gesehen seit 2015 die Anteilseignerinnen in der Überzahl. Relativ stellen immer noch die ArbeitnehmervertreterInnen den größeren Anteil an Frauen. Wie in Abbildung 15 zu sehen ist, betrug dieser im Jahr 2017 ca. 32%, welcher noch sieben Prozentpunkte über dem der AnteilseignerInnen im Vergleichsjahr liegt. Allerdings konnten die AnteilseignerInnen einen steileren Anstieg der Frauenanteile über die letzten zwölf Jahre verzeichnen. Der Anteil stieg nämlich bei ihnen von vier auf 25% an, bei den ArbeitnehmervertreterInnen hingegen betrug der Ausgangswert im Jahr 2009 19%. Daher ist zu vermuten, dass sich diese Werte in den nächsten Jahren weiter annähern (Hans Böckler Stiftung, 2018). Der hohe Anteil an ArbeitnehmervertreterInnen lässt sich nicht zuletzt darauf zurückführen, dass sich die Gewerkschaften, die auch einen Teil dieser Bänke besetzen, seit längerer Zeit für eine Frauenquote aussprechen (IG Metall, 2012). Darüber hinaus hat sich der Deutsche Gewerkschaftsbund [DGB] durch eine Satzungsänderung 2018 selbst eine Frauenquote auferlegt, welche besagt, dass in allen hauptamtlichen Wahlämtern relativ gesehen so viele Frauen vertreten sein müssen, wie der Anteil an Frauen unter den Mitgliedern ist. Das bedeutet nach derzeitigem Stand, dass mindestens 33,7% der hauptamtlichen Wahlämter mit Frauen besetzt sein müssen (DGB, 2018; Meyer, 2018).

6.4 Nachteile der Frauenquote und deren Entkräftung

Doch auch wenn die Frauenquote viele Vorteile – vor allem in Bezug auf die Gleichberechtigung – bietet, gibt es negative Stimmen, die von einer gesetzlich bindenden Vorschrift abraten.

Ein Argument, welches gegen die Quote spricht, ist, dass sich dadurch Männer diskriminiert fühlen könnten und die Kräfte des freien Marktes eingeschränkt werden würden. Die Befürchtung lautet hier, dass durch die Quote Frauen in den Aufsichtsrat berufen werden, damit der gesetzlich vorgegebene Anteil eingehalten wird, obwohl ein Mann qualitativ hochwertigere Arbeit verrichten würde (Abeln, 2014).

Von Frauen wird hingegen bemängelt, dass die die Frauen, die durch die Quote ein Aufsichtsratsmandat erhalten haben, nur als Quotenfrauen gesehen werden und es den Anschein macht, dass sie die Stelle nicht verdient hätten. Frauen, die sich gegen die Quote aussprechen, haben den Anspruch an sich selbst, die Stelle zu verdienen und nicht durch eine gesetzliche Regelung zugesprochen zu bekommen (Hubschmid & Scheffer, 2012).

Bei diesen beiden Begründungen wird aber nicht beachtet, dass durchaus genügend hochqualifizierte Frauen vorhanden sind, um die Plätze in den Gremien zu besetzen. Diese sind allerdings schlichtweg zu wenig sichtbar oder werden bei den Entsendungen oft außer Acht gelassen, da die Entscheider meist Männer sind, die wiederum Männer unterstützen und es für Frauen sehr schwer ist, in diesen Old-Boys-Networks Aufmerksamkeit zu bekommen (Wippermann, 2010, S. 46). Außerdem trägt die Quote dazu bei, dass ein Umdenken in der Gesellschaft stattfinden kann, durch das es in der Zukunft keine geschlechterspezifische Diskriminierung bei der Vergabe von Führungspositionen geben soll.

7 Mögliche Auswirkungen durch die Erhöhung des Frauenanteils auf die Arbeit in Unternehmensführungen

Durch die Erhöhung des Frauenanteils in den Führungsgremien Deutschlands ist es wahrscheinlich, dass sich Veränderungen in der Unternehmensführung einstellen werden. Im Folgenden werden die Rollenstereotypen betrachtet, die Männern und Frauen zugeschrieben werden, wie diese mit dem Idealbild einer Führungskraft zusammenpassen und ob der wirtschaftliche Erfolg und Innovationspotenziale durch das Mitwirken von Frauen in Unternehmensführungen beeinflusst wird. Hierbei wird auch die letzte der drei Forschungsfragen beantwortet, die lautet: „Welche Auswirkungen wären von einer Steigerung des Frauenanteils in Aufsichtsräten und Unternehmensführungen zu erwarten?".

7.1 Vergleich weiblicher Persönlichkeitsattribute mit dem Idealbild einer Führungskraft

In einer von Männern dominierten Geschäftswelt sind die Eigenschaften, die viele Personen mit einer Führungskraft in Verbindung bringen stark männlich geprägt: stark, entscheidungsfreudig, risikoaffin, analytisch und aggressiv. Wohingegen Frauen mit gänzlich anderen Attributen in Verbindung gebracht werden (Gerzema, 2013). Nach der Befragung von ca. 32.000 Personen, die 120 Persönlichkeitsmerkmale den Geschlechtern zuordnen sollten, werden Frauen als freundlich, fürsorglich, intuitiv, loyal und als gute Zuhörer eingeschätzt. Doch entspricht dieses Bild der Führungskraft, das die Menschen beschreiben wirklich den Merkmalen, die sie sich in einer Führungskraft wünschen? Die Erhebung von John Gerzema und Michael D'Antonio kommt zu einem anderen Ergebnis. Die Befragten sollten zehn Attribute einer guten Führungskraft nennen. Wie man in Tabelle 2 sehen kann, entsprechen acht der Top-10-Attribute, jenen, die vorher als weibliche Merkmale eingeordnet wurde (Gerzema, 2013).

Als weiblich angesehen	Als männlich angesehen
1. Ausdrucksstark	
2. Plant für die Zukunft	
	3. Entscheidungsfreudig
4. Besonnen	
5. Loyal	
6. Flexibel	
7. Geduldig	

Als weiblich angesehen	Als männlich angesehen
	8. Widerstandsfähig
9. Intuitiv	
10. Kooperativ	

Tabelle 2: Attribute einer guten Führungskraft unterteilt nach weiblichen und männlichen Merkmalen
(Gerzema, 2013)

Auch die Frage, ob die Welt eine bessere wäre, wenn männliche Führungskräfte mehr wie Frauen denken würden, haben 70% der deutschen Umfrageteilnehmer bejaht (D'Antonio & Gerzema, 2013, S. 5). Daher kann eines der Argumente gegen Frauen in Führungspositionen, nämlich, dass sie allein vom Wesen her dafür nicht geeignet wären (Wippermann, 2010, 17f) durch diese Studie entkräftet werden. Sie zeigt, dass rein nach der Erwartungshaltung gegenüber den Persönlichkeitsmustern und Führungsstilen einer Führungskraft diese viel eher den Rollenstereotypen von Frauen entsprechen. Im Umgang mit Studien dieser Art ist jedoch Vorsicht geboten, denn nicht jede Frau entspricht den aufgeführten Persönlichkeitseigenschaften einer Frau und nicht jeder Mann denen eines Mannes.

7.2 Erschließung neuer Innovationspotenziale durch neuartige Denkweisen

Doch die Gegenwart von Frauen in den Führungsetagen von Unternehmen kann nicht nur Auswirkungen auf die Art der Unternehmens- und Mitarbeiterführung im Allgemeinen zeigen, sondern durch andersartige Denkweisen und neue Lösungsansätze Innovationspotenziale freisetzen. Hierzu hat die Boston Consulting Group [BCG] in Zusammenarbeit mit der Technischen Universität München im Jahr 2017 eine Studie durchgeführt, in der 171 Unternehmen aus Deutschland, Österreich und der Schweiz auf Zusammenhänge zwischen Innovationspotenzial[18] und Diversitätsgrad[19] untersucht wurden (Brosi et al., 2017, S. 3).

Die Studie zeigt, dass sich eine ausgeglichene Geschlechterverteilung im Management mit hoher statistischer Relevanz positiv auf Innovationspotenziale auswirkt (Brosi et al., 2017, S. 7). Dabei scheint es gleichgültig, wie hoch der Frauenanteil innerhalb der Belegschaft ist. Was sich positiv auf die Innovationskraft auswirkt, ist tatsächlich nur der Frauenanteil im Management (Brosi et al., 2017, S. 11). Dieser Effekt zeigt

---

[18] Das Innovationspotenzial wird an dem Umsatz, der durch neueingeführte und neuartige Produkte erwirtschaftet wird, gemessen.
[19] Der Diversitätsgrad schließt dabei nicht nur die Frauenanteile im Management ein, sondern auch Diversität an Herkunftsländern, Karrierewegen, Wirtschaftszweigen, Alter und akademischem Background ein.

sich allerdings nur bei großen und komplexen Unternehmen, bei kleineren Unternehmen zeigt der Frauenanteil im Management keine statistisch relevanten Auswirkungen auf die Innovationskraft (Brosi et al., 2017, 8f). So hat sich in der Studie auch gezeigt, dass Unternehmen, die acht von 20 Managementposten mit Frauen besetzt haben, 34% ihres Umsatzes durch Innovationen erwirtschaften. Hingegen gelingt es Unternehmen, die nur einen von 20 Plätzen im Management an eine Frau vergeben haben, 25% ihres Umsatzes durch Innovationen einzunehmen. Besonders im Bezug disruptive Innovationen[20] stehen Unternehmen mit einer höheren Anzahl an Frauen in ihrem Management hoch im Kurs (Brosi et al., 2017, 9ff).

Die Studie setzt auch ein Ranking der Cornell Universität, INSEAD und der World Intellectual Property Organization über die Innovationsstärke verschiedener Länder in Relation zur Frauenerwerbstätigkeit in den Ländern. Daraus lässt sich erkennen, dass besonders die Länder, in denen eine hohe Frauenerwerbstätigkeit – meist aufgrund einer guten Vereinbarkeit von Beruf und Familie und einem geringen Gender Pay Gap – herrscht, mit an der Spitze des Rankings stehen. So steht beispielsweise die Schweiz mit einer Frauenerwerbstätigkeit von 74% auch als innovativstes Land auf Platz eins des Rankings (Brosi et al., 2017, S. 10).

7.3 Erhöhter wirtschaftlicher Erfolg von Unternehmen durch Frauen in Aufsichtsratsgremien und Geschäftsleitung

Viele Unternehmen setzen den Fokus ihrer Aufsichtsratsarbeit auf formale Themen, wie z.B. Bilanzdiskussionen, Geschäftsplanung und Risikomanagement. Dabei rücken die „weichen Themen" oft in den Hintergrund. Als „weiche Themen" werden ethische Prinzipien und die Wertschätzungskultur in einem Unternehmen bezeichnet. Doch dass diese Themen auch zum Geschäftserfolg beitragen können, hat eine Studie der Rochus Mummert Executive Consultants untermauert (Döring, 2018).

Ein Großteil der Unternehmen sieht die Wertschätzungskultur und Ethik als wichtige Themen an, die einen positiven Einfluss auf ihre Profitabilität und auch Krisenabsicherung haben können (Döring, 2018, S. 12). Darüber hinaus sind auch der Meinung, dass es bei Neubesetzungen von Aufsichtsratsmandaten wichtig ist, dass der Kandidat Erfahrung in Bezug auf diese „weichen Themen" vorweisen kann. Allerdings entspricht das eher selten der betrieblichen Praxis, denn es wird so gut wie nie angesprochen, ob diese Erfahrung tatsächlich vorhanden ist, sondern meist reine Vermutungen darüber getroffen (Döring, 2018, 16f). Die Studie beweist auch, dass Gremien in denen mindestens eine Frau sitzt, diese Themen häufiger ansprechen (Döring, 2018, S. 35–38). Die größte Steigerung tritt jedoch bereits mit der ersten Frau im Gremium ein,

---

[20] Disruptive Innovationen sind Innovationen, bei denen die neuartige Erfindung etwas Vorheriges komplett ersetzt (Bsp.: Netflix ersetzt DVDs).

danach flacht der Effekt ab (Döring, 2018, S. 36). Da Unternehmen mit Frauen laut der Studie auch tendenziell erfolgreicher agieren (Döring, 2018, S. 33–34), kann daraus schlussgefolgert werden, dass durch die weichen Themen, die in Aufsichtsratsgremien vorrangig von Frauen ins Gespräch gebracht werden, sich ein größerer Erfolg einstellen kann (Döring, 2018, S. 49). Durch die Wertschätzungskultur und ethischen Prinzipen kann das Selbstwertgefühl der Mitarbeiter ansteigen, was zu erhöhter Motivation führt und auch durch offenere Kommunikation erkennen die Mitarbeiter besser den Sinn ihres Handels, was ebenfalls den Mitarbeitern zu mehr Antrieb verhilft (Döring, 2018, S. 51). So zeigt die Studie, dass sich allein schon die Anwesenheit einer Frau positiv auf den wirtschaftlichen Erfolg und auch den inneren Zustand eines Unternehmens auswirken kann.

8 Zusammenfassung

Wie eingangs bemerkt, konnten in Deutschland zwar schon viele Ausprägungen struktureller Benachteiligung von Frauen vor allem in Bezug auf Bildung abgebaut werden. Dies findet jedoch seine Grenzen in bezüglich der Erwerbstätigkeit von Frauen und nicht zuletzt auf Frauen in Führungspositionen. Ein Grund dafür, warum so wenige Frauen in den Unternehmensführungen und Aufsichtsräten vertreten sind, ist die geringe Vereinbarkeit von Beruf und Familie. Viele Unternehmen zeigen zwar bereits Anstrengungen, diese Hindernisse abzubauen, allerdings ist hier allen voran die Politik gefordert, Barrieren, die Einverdienermodelle fördern, abzubauen. Hierbei haben sich auch die Probleme des Ehegattensplittings gezeigt, denn diese steuerliche Erleichterung entfaltet seine volle Wirkung nur, wenn einer der Ehepartner mehr als der andere verdient – was meist der Mann ist. Dadurch wird die Erwerbslosigkeit vieler Frauen gefördert.

Auch innerhalb der Gesellschaft bestehen weiterhin Probleme, die Frauen den Aufstieg auf der Karriereleiter erschweren. Vor allem Vorurteile gegenüber weiblichen Führungskräften sind hier als Stolperstein zu sehen. Da meist noch immer Männer die Entscheidungen in den Unternehmen treffen und viele von ihnen diese Vorurteile inkorporiert haben, fällt es Frauen zusehends schwer, sich als geeignet für Führungs- und Aufsichtsratsämter zu erweisen, obwohl sie an den Qualifikationen gemessen mindestens genauso gut wie ihre männlichen Wettbewerber abschneiden.

Zwar ist die Frauenquote ein guter Ansatz, um die Gleichstellung der Geschlechter zu erwirken, jedoch ist bis heute der angestrebte Kulturwandel ausgeblieben, daher sollte für eine bessere Wirksamkeit der Geltungsbereich erweitert werden. Derzeit greift die Frauenquote nur für die Aufsichtsräte von börsennotierten *und* voll mitbestimmten Unternehmen. Diese erfüllen zwar zum Großteil die Quote, aber es scheint als würden – nach der Erfüllung der Pflicht – keine Anstrengungen zu einer weiteren Steigerung der Frauenanteile in den Aufsichtsräten bestehen. Auch verbindliche Zielvorgaben bringen nur sehr eingeschränkt Erfolge hervor, da die Ziele sehr zurückhaltend gesetzt werden. Daher könnte eine Erweiterung des Geltungsbereichs sowohl Vorstände als auch börsennotierte *oder* voll mitbestimmte Unternehmen implizieren, anstatt nur wie aktuell die Aufsichtsräte börsennotierten *und* voll mitbestimmter Unternehmen.

Vor allem konnte gezeigt werden, wie sich die Repräsentanz von Frauen auf den Erfolg von Unternehme auswirkt: Frauen passen besser in das Bild der perfekten Führungskraft, sie steigern durch neue Denkmuster und Lösungsansätze die Innovationskraft und erhöhen durch den Einbezug von ethischen Leitlinien und einer gelebten Wertschätzungskultur auch den unternehmerischen Erfolg.

Daher lässt sich das Gesetz zur gleichberechtigten Teilhabe von Frauen und Männern an Führungspositionen als geeignetes Mittel und einen guten ersten Schritt zur

Steigerung der Frauenanteile und damit auch der Diversität in den Kontrollorganen deutscher Unternehmen sehen. Jedoch beinhaltet diese Arbeit auch Grenzen und Einschränkungen.

Bei den betrachteten Erhebungen in Bezug auf die verbindlichen Zielvorgaben können die Datenmengen als kritischer Punkt betrachtet werden. Hierbei wurden nur 186 Unternehmen inklusive derer, die der 30%-Quote unterliegen, betrachtet, obwohl ca. 3500 Unternehmen davon betroffen sind. In weiteren Studien sollte daher die befragte Grundgesamtheit erhöht werden, um verlässliche Ergebnisse zu erhalten.

Eine weitere Grenze, die festzustellen ist, zeigt sich in Bezug auf die branchen- und größenspezifischen Auswertungen. Hier konnten zwar Unterschiede ausgemacht werden, allerdings sollten in weiteren Analysen die Gründe dafür ermittelt werden.

In der Arbeit lag der Fokus darauf, die Diversität in den Unternehmensführungen durch höhere Frauenanteile zu steigern. Dies ist allerdings auch auf andere Art und Weise möglich, beispielsweise durch eine gemischte Altersstruktur, Menschen aus verschiedenen Herkunftsländern oder mit unterschiedlichen Karrierewegen und Erfahrungen. Dies alles sind Faktoren, die sich positiv auf die Innovationskraft von Unternehmen auswirken können. Für eine weitere Betrachtung der anderen Einflussfaktoren wird die Studie der Boston Consulting Group und Technischen Universität München aus dem Jahr 2017 empfohlen (Brosi et al., 2017).

Abschließend konnte in der Arbeit nicht festgestellt werden, ob die Unternehmen erfolgreich sind, weil sie eine hohe Diversität aufweisen oder ob sie mehr Diversität aufweisen können, weil sie erfolgreich sind. Darum sollten in weiterführenden Studien erfolgreiche und weniger erfolgreiche Unternehmen gesondert betrachtet werden und analysiert werden, ob die Korrelation zwischen Erfolg und Diversität auch weiterhin besteht.

Literaturverzeichnis

Abeln, C. (2014). „Jetzt brauchen wir den Männerbeauftragten". Kontra Frauenquote. Han-delsblatt. Zugriff am 22.03.2019. Verfügbar unter https://www.handelsblatt.com/finanzen/steuern-recht/recht/kontra-frauenquote-jetzt-brauchen-wir-den-maennerbeauftragten/11038488.html?ticket=ST-2706150-ybcrF1JXzWNdA9Geij6F-ap3

Bathmann, N., Cornelißen, W. & Müller, D. (2013). Gemeinsam zum Erfolg? Berufliche Kar-rieren von Frauen in Paarbeziehungen. Wiesbaden: Springer Fachmedien Wiesbaden. https://doi.org/10.1007/978-3-531-93186-9

Bertram, H., Bujard, M. & Rösler, W. (2011). Rush-hour des Lebens: Geburtenaufschub, Ein-kommensverläufe und familienpolitische Perspektiven. Journal für Reproduktionsmedizin und Endokrinologie, 8(2), 91–99.

Blessin, B. & Wick, A. (2017). Führen und Führen lassen. Ansätze, Ergebnisse und Kritik der Führungsforschung (8., überarbeitete Auflage). Konstanz und München: UKV Verlagsge-sellschaft mbH.

Bmfsfj (Hrsg.). (2016, 19. Februar). Strategie "Gender Mainstreaming". Gleichstellung und Teilhabe. Zugriff am 16.03.2019. Verfügbar unter https://www.bmfsfj.de/bmfsfj/themen/gleichstellung/gleichstellung-und-teilhabe/strategie-gender-mainstreaming/strategie--gender-mainstreaming-/80436?view=DEFAULT

Bmfsfj & DIHK (Hrsg.). (September 2006). Kosten betrieblicher und betrieblich unterstützter Kinderbetreuung. Leitfaden für die Unternehmenspraxis. Berlin. Verfügbar unter 14.03.2019

Bonin, H., Clauss, M., Gerlach, I., Laß, I., Mancini, A. L., Nehrkorn-Ludwig, M.-A. et al. (2013, 20. Juni). Evaluation zentraler ehe- und familienbezogener Leistungen in Deutsch-land. Endbericht. Gutachten für die Prognos AG. Mannheim: Zentrum für Europäische Wirtschaftsforschung. Zugriff am 14.03.2019. Verfügbar unter http://ftp.zew.de/pub/zew-docs/gutachten/ZEW_Endbericht_Zentrale_Leistungen2013.pdf

Brosi, P., Lorenzo, R., Schetelig, K., Voigt, N., Welpe, I. & Zawadzki, A. (02.2017). The Mix That Matters. Innovation Through Diversity. Boston Consulting Group; Technische Univer-sität München. Zugriff am 24.03.2019. Verfügbar unter http://media-publications.bcg.com/22feb2017-mix-that-matters.pdf

Buchenau, P. (Hrsg.). (2016). Chefsache Frauenquote. Wiesbaden: Springer Fachmedien Wiesbaden. https://doi.org/10.1007/978-3-658-12180-9

Bujard, M. (2012). Zeit für Familie: Die Rush-hour des Lebens entzerren. Stimme der Familie, 59(2), 11–15.

Literaturverzeichnis

Bujard, M. (2015, 11. Juli). Ziele der Familienpolitik (Bundeszentrale für politische Bildung, Hrsg.). Zugriff am 02.03.2019. Verfügbar unter http://www.bpb.de/politik/innenpolitik/familienpolitik/194572/ziele-der-familienpolitik?p=all

Bujard, M. & Panova, R. (Dezember 2014). Rushhour des Lebens (Bundeszentrale für politi-sche Bildung, Hrsg.). Zugriff am 11.01.2019. Verfügbar unter http://www.bpb.de/politik/innenpolitik/familienpolitik/197927/rushhour-des-lebens

Bundesrepublik Deutschland. Aktiengesetz vom 06.09.1965 (BGBl. I S. 1089), in Kraft getre-ten am 01.01.1966 zuletzt geändert durch Gesetz vom 17.07.2017 (BGBl. I S. 2446) m.W.v. 22.07.2017. AktG. In AktG. Zugriff am 25.03.2019. Verfügbar unter https://dejure.org/gesetze/AktG

Buschmann, G. (2018). So sieht der neue Dax aus. Wirtschaftswoche. Zugriff am 18.03.2019. Verfügbar unter https://www.wiwo.de/finanzen/boerse/aktienindizes-so-sieht-der-neue-dax-aus/23000494.html

Crößmann, A., Günther, L. & Marder-Puch, K. (09.2017). Qualität der Arbeit. Geld verdienen und was sonst noch zählt (Statistisches Bundesamt, Hrsg.). Zugriff am 25.02.2019. Ver-fügbar unter https://www.destatis.de/DE/Publikationen/Thematisch/Arbeitsmarkt/Erwerbstaetige/BroschuereQualitaetArbeit0010015179004.pdf?__blob=publicationFile

D'Antonio, M. & Gerzema, J. (2013). The Athena Doctrine. An Overview. Verfügbar unter http://vistaleadershipacademy.com/wp-content/uploads/2017/03/Athena_Doctrine-Overview-1.pdf

DGB. (05.2018). Satzungsänderung. Repräsentanz von Frauen in Wahlämtern des DGB. Ber-lin. Zugriff am 22.03.2019. Verfügbar unter http://www.dgb.de/++co++05a3a64e-6996-11e8-b9cb-52540088cada/S001-Repraesentanz-von-Frauen-in-Wahlaemtern-des-DGB.pdf

Döring, F. (01.2018). Die Bedeutung von Ethik und Wertschätzungskultur für die Arbeit von Aufsichts- und Beiräten. Aufsichtsratsstudie 2017. Ergebnisbericht. Rochus Mummert Exe-cutive Consultants. Zugriff am 24.03.2018. Verfügbar unter https://www.fidar.de/webmedia/documents/materialien/AR_Befragung_2017_FD_25_010218_Ergebnisbericht__003_.pdf

Dudenredaktion (Hrsg.). Geschlecht. Zugriff am 14.02.2019. Verfügbar unter https://www.duden.de/node/646456/revisions/1941120/view

Eichhoff-Cyrus, K. M. (2004). Adam, Eva und die Sprache. Beiträge zur Geschlechterfor-schung (Bd. 5). Mannheim: Dudenverlag.

Europäische Akademie für Frauen in Politik und Wirtschaft Berlin e.V. (2019). Geschichte des Frauenwahlrechts in Deutschland. Das Jubiläum. Berlin. Zugriff am 18.08.2019. Verfüg-bar unter https://www.100-jahre-frauenwahlrecht.de/jubilaeum/100-jahre-frauenwahlrecht-geschichte.html

Fenstermaker, S. & West, C. (1995). Doing Difference. Gender and Society, 9(1), 8–37. Zugriff am 18.02.2019. Verfügbar unter http://links.jstor.org/sici?sici=0891-2432%28199502%299%3A1%3C8%3ADD%3E2.0.CO%3B2-4

Fichtner, H. (2008). Unternehmenskultur im Strategischen Kompetenzmanagement (Gabler Edition Wissenschaft Strategisches Kompetenz-Management, 1. Aufl.). Wirkungsmecha-nismen der Unternehmenskultur im strategischen Kompetenzmanagement, konzeptionelle Überlegungen aus Sicht der Competence-based Theory of the Firm (CbTF). Wiesbaden: Gabler Verlag / GWV Fachverlage GmbH Wiesbaden. https://doi.org/10.1007/978-3-8349-8113-4

FidAR e.V. (01.2018). Women on Board Index. Frauenanteil in Führungspositionen der im DAX, MDAX, SDAX und TecDAX sowie der im Regulierten Markt notierten, voll mitbe-stimmten Unternehmen. Berlin. Zugriff am 20.03.2019. Verfügbar unter https://www.fidar.de/webmedia/documents/wob-index-185/2018-05/180114_Studie_WoB-Index_185_l_end.pdf

Finanzen.net. (2019a). DAX 30 - Deutschlands wichtigster Index, finanzen.net. Zugriff am 18.03.2019. Verfügbar unter https://www.finanzen.net/index/dax/30-werte

Finanzen.net. (2019b). Über den MDAX, finanzen.net. Zugriff am 18.03.2019. Verfügbar un-ter https://www.finanzen.net/index/mdax

Finanzen.net. (2019c). Über den SDAX, finanzen.net. Zugriff am 18.03.2019. Verfügbar unter https://www.finanzen.net/index/sdax

Finanzen.net. (2019d). Über den TecDAX, finanzen.net. Zugriff am 18.03.2019. Verfügbar unter https://www.finanzen.net/index/tecdax

Franzke, N. & Wien, A. (2014). Unternehmenskultur. Wiesbaden: Springer Fachmedien Wies-baden. https://doi.org/10.1007/978-3-658-05993-4

Geißler, R. (2014, 16. Dezember). Ungleichheiten zwischen Männern und Frauen (Bundes-zentrale für politische Bildung, Hrsg.). Zugriff am 12.01.2019. Verfügbar unter http://www.bpb.de/izpb/198038/ungleichheiten-zwischen-frauen-und-maennern?p=all

Geis-Thöne, W. (2017, 18. Mai). Bund muss Kita-Lücken schließen. Köln. Zugriff am 14.03.2019. Verfügbar unter https://www.iwd.de/artikel/bund-muss-kita-luecken-schliessen-319262/

Gertje, E., Hochfeld, K., Kaiser, S. & Schraudner, M. (2012). Unternehmenskulturen verän-dern - Karrierebrüche vermeiden. Stuttgart: Fraunhofer-Verl.

Gerzema, J. (2013). Der Wert der weiblichen Kompetenz. The Harvard Business Manager. Zugriff am 12.01.2019. Verfügbar unter http://www.harvardbusinessmanager.de/blogs/athena-studie-belegt-wunsch-nach-femininen-werten-a-922933.html

Gewerkschaft Erziehung und Wissenschaft. (2018, 5. März). Ökonomin fordert Ausweitung der Frauenquote. Zugriff am 22.03.2019. Verfügbar unter https://www.gew.de/aktuelles/detailseite/neuigkeiten/oekonomin-fordert-ausweitung-der-frauenquote/

Gildemeister, R. (2010). Doing Gender: Soziale Praktiken der Geschlechterunterscheidung. In R. Becker & B. Kordendiek (Hrsg.), Geschlecht & Gesellschaft. Handbuch Frauen- und Geschlechterforschung (Bd. 35, 3. Aufl., S. 137–145). Theorie, Methoden, Empirie. Wies-baden: VS Verlag für Sozialwissenschaften.

Hans Böckler Stiftung. (2017). Unternehmenspolitik: In den Aufsichtsräten bestimmen Arbeit-nehmer mit. Zugriff am 12.01.2019. Verfügbar unter https://www.boeckler.de/5543_33350.htm#

WSI GenderDatenPortal. (2018). Frauen in Aufsichtsräten nach Anteilseigner- bzw. Arbeit-nehmervertreterInnen-Seite 2009-2017 (Hans Böckler Stiftung, Hrsg.). Zugriff am 22.03.2019. Verfügbar unter https://www.boeckler.de/51387.htm#infos

Heise, E. (2000). Sind Frauen mitgemeint? Eine empirische Untersuchung zum Verständnis des generischen Maskulinums und seiner Alternativen, Verlag Hans Huber. Zugriff am 18.03.2019. Verfügbar unter https://econtent.hogrefe.com/doi/full/10.1024//0253-4533.19.12.3

Hermann, A. (2003). Karrieremuster im Management. Pierre Bourdieus Sozialtheorie als Aus-gangspunkt für eine genderspezifische Betrachtung: Deutscher Universitätsverlag.

Holst, E. & Friedrich, M. (2017). Führungskräfte-Monitor 2017. Update 1995-2015 (DIW Berlin, Bd. 121). Berlin: DIW Berlin Deutsches Institut für Wirtschaftsforschung.

Holst, E. & Wrohlich, K. (2019). Frauenanteile in Aufsichtsräten großer Unternehmen in Deutschland auf gutem Weg – Vorstände bleiben Männerdomänen. Managerinnenbarome-ter 2019. DIW Wochenbericht, 86(3). https://doi.org/10.18723/DIW_WB:2019-3-1

Hubschmid, M. & Scheffer, U. (2012). Pro und Contra: Brauchen wir eine Frauenquote? Der Tagesspiegel. Zugriff am 22.03.2019. Verfügbar unter https://www.tagesspiegel.de/politik/pro-und-contra-brauchen-wir-eine-frauenquote/6290032-all.html

IG Metall. (2012, 24. September). IG Metall erhöt die Frauenquote in Aufsichtsräten. Mehr Frauen an die Spitze - die IG Metall ist dabei. Zugriff am 22.03.2019. Verfügbar unter https://www.igmetall.de/politik-und-gesellschaft/gleichstellung-und-integration/mehr-frauen-an-die-spitze--die-ig-metall-ist-dabei

Institut für den öffentlichen Sektor e.V. (2013). Neues zu Rechten und Pflichten des öffentli-chen Aufsichtsrats. Public Governance, (Herbst). Zugriff am 24.02.2019. Verfügbar unter https://publicgovernance.de/media/PG_Herbst_2013_Schwerpunkt_Neues_zu_den_Rechten_und_Pflichten_des_oeffentlichen_Aufsichtsrats.pdf

Kaup, J. (2015). Die Unterrepräsentanz von Frauen in Führungspositionen. Wiesbaden: Springer Fachmedien Wiesbaden. https://doi.org/10.1007/978-3-658-10696-6

Kohaut, S. & Möller, I. (2016). Führungspositionen in der Privatwirtschaft. Im Osten sind Frauen öfter an der Spitze. iab Kurzbericht, (2).

Körner, T., Puch, K. & Wingerter, C. (2012). Qualität der Arbeit. Geld verdienen und was sonst noch zählt (Statistisches Bundesamt (Destatis), Hrsg.). Wiesbaden. Zugriff am 14.03.2019. Verfügbar unter https://www.destatis.de/DE/Publikationen/Thematisch/Arbeitsmarkt/Erwerbstaetige/BroschuereQualitaetArbeit0010015129001.pdf?__blob=publicationFile

Krell, G., Ortlieb, R. & Sieben, B. (2011). Chancengleichheit durch Personalpolitik. Gleich-stellung von Frauen und Männern in Unternehmen und Verwaltungen. Wiesbaden: Springer Gabler.

Krell, G., Rastetter, D. & Reichel, K. (Hrsg.). (2012). Geschlecht macht Karriere in Organisa-tionen. Analysen zur Chancengleichheit in Fach- und Führungspositionen. Berlin: Edition Sigma.

Lellé, N. (2017). Arrivierte Frauen. Wiesbaden: Springer Fachmedien Wiesbaden. https://doi.org/10.1007/978-3-658-16740-0

Leue, V. (2011, 17. September). Weniger Zurückhaltung, meine Damen! (Süddeutsche Zei-tung, Hrsg.). Zugriff am 01.03.2019. Verfügbar unter https://www.sueddeutsche.de/karriere/frauen-im-beruf-weniger-zurueckhaltung-meine-damen-1.1144982

Menkens, S. (2017). SPD droht mit Ausweitung der Frauenquote. Welt. Zugriff am 22.03.2019. Verfügbar unter https://www.welt.de/wirtschaft/article165961003/SPD-droht-mit-Ausweitung-der-Frauenquote.html

Meyer, J. (2018). DGB gibt sich Frauenquote. Anteil an hauptamtlichen Wahlämtern muss dem Mitgliederanteil entsprechen. Zugriff am 29.01.2019. Verfügbar unter https://www.neues-deutschland.de/artikel/1088115.frauen-beim-gewerkschaftsbund-dgb-gibt-sich-frauenquote.html

Ruppert, A. & Voigt, M. (2012). Geschlechtsunterschiede in der Verhandlungsführung - Schlüssel für die Karriere? In G. Krell, D. Rastetter & K. Reichel (Hrsg.), Geschlecht macht Karriere in Organisationen. Analysen zur Chancengleichheit in Fach- und Füh-rungspositionen (S. 139–156). Berlin: Edition Sigma.

Schlichtmann, G. (2015, 13. Mai). FAQ zur Umsetzung der Geschlechterquote. Fragen und Antworten zu dem Gesetz für die gleichberechtigte Teilhabe von Frauen und Männern an Führungspositionen in der Privatwirtschaft und im öffentlichen Dienst. Bundesministerium für Familie, Senioren, Frauen und Jugend; Bundesamt für Justiz und Verbraucherschutz. Zugriff am 22.03.2019. Verfügbar unter https://www.arbeitgeber.de/www/arbeitgeber.nsf/res/FAQ-zur-Umsetzung-der-Geschlechterquote.pdf/$file/FAQ-zur-Umsetzung-der-Geschlechterquote.pdf

Schmike, J. & Thiller, A. T. (Juni 2013). Vereinbarkeit Familie und Beruf. Praxisbeispiele aus der Wirtschaft (Bundesvereinigung der deutschen Arbeitgeberverbände, Hrsg.). Berlin. Zu-griff am 14.03.2019. Verfügbar unter https://www.arbeitgeber.de/www%5Carbeitgeber.nsf/res/Vereinbarkeit-Familie-und-Beruf.pdf/$file/Vereinbarkeit-Familie-und-Beruf.pdf

Schoenberger, C. (2016). Leitfaden geschlechtergerechte Sprache. Eine Information der Gleichstellungsstelle Hochschule Emden/Leer. Hochschule Emden/Leer. Zugriff am 18.03.2019. Verfügbar unter https://uol.de/fileadmin/user_upload/sport/download/allgemein/Leitfaden_geschlechtergerechte_Sprache.pdf

Sczesny, S. & Stahlberg, D. (2001). Effekte des generischen Maskulinums und alternativer Sprachformen auf den gedanklichen Einbezug von Frauen, Hogrefe-Verlag. Zugriff am 18.03.2019. Verfügbar unter https://econtent.hogrefe.com/doi/10.1026//0033-3042.52.3.131

Statistisches Bundesamt. (10.2018). Statistisches Jahrbuch 2018. Wiesbaden. Zugriff am 25.02.2019. Verfügbar unter https://www.destatis.de/DE/Publikationen/StatistischesJahrbuch/StatistischesJahrbuch2018.pdf?__blob=publicationFile

Literaturverzeichnis

Vereinigte Lohnsteuerhilfe e.V. (2019, 8. Januar). Was ist das "Ehegatten-Splitting"? Zugriff am 02.03.2019. Verfügbar unter https://www.vlh.de/wissen-service/steuer-abc/was-ist-das-ehegatten-splitting.html

Weckes, M. (2016). Beginnender Kulturwandel oder absehbare Stagnation bei 30%? Die Ge-schlechterverteilung im Aufsichtsrat der vier Leitindizes (Hans Böckler Stiftung, Hrsg.) (Nr. 21).

West, C. & Zimmerman, D. H. (1987). Doing Gender. Gender and Society, 1(2), 125–151. Zugriff am 18.01.2019. Verfügbar unter https://www.jstor.org/stable/189945?seq=1#metadata_info_tab_contents

Wippermann, C. (03.2010). Frauen in Führungspositionen. Barrieren und Brücken. Heidel-berg: Sinus Sociovision. Zugriff am 12.01.2019. Verfügbar unter https://www.bmfsfj.de/blob/93874/7d4e27d960b7f7d5c52340efc139b662/frauen-in-fuehrungspositionen-deutsch-data.pdf

Wippermann, C. & Wippermann, K. (10.2014). Perspektive Wiedereinstieg. Ziele, Motive und Erfahrungen von Frauen vor, während und nach dem beruflichen Wiedereinstieg (4. Aufl.) (Bundesministerium für Familie, Senioren, Frauen und Jugend, Hrsg.). Heidelberg: Sinus Sociovision GmbH. Zugriff am 25.02.2019. Verfügbar unter https://www.bmfsfj.de/blob/94450/ecaba76d8c23a0a190deba8ad0c94e06/perspektive-wiedereinstieg-ziele-motive-erfahrungen-data.pdf

Wittenberg, J. (2016). Der Weg zur höheren Frauenquote: Ein Gesamtkonzept für die Frauen-förderung aus Unternehmenssicht. In P. Buchenau (Hrsg.), Chefsache Frauenquote (Bd. 2014, S. 183–204). Wiesbaden: Springer Fachmedien Wiesbaden. https://doi.org/10.1007/978-3-658-12183-9_11